遊んで 飾って
使える折り紙

暮らしの小物から 楽しいおもちゃまで

曽根泰子

日貿出版社

INTRODUCTION
はじめに

　この本を開いて下さった皆様と今、この紙面で出会えたことを、とてもうれしく思い感謝いたします。本書は次の5つの場面に分けて展開しています。

①暮らしの小物……毎日の暮らしの中でちょっとした瞬間に、これがあればいいな、と思うような、便利でおしゃれな折り紙雑貨。

②季節の飾り……いつまでも心の中に残したい季節の行事や風物をモチーフにした、お部屋を飾る折り紙作品。

③おもちゃの折り紙……遊ぶ道具がない時に、覚えていると役に立つ折り紙おもちゃ。子供と一緒に作って遊びましょう。

④変身折り紙……完成した作品を組み合わせたり、ちょっと手を加えたりすると、別のものに変身。1つの作品で2度楽しむことができます。

⑤折り鶴いろいろ……私が生まれ育った広島には世界遺産の「原爆ドーム」があります。平和への祈りを込めて、折り鶴をアレンジした作品をご紹介します。

　掲載作品は、どれから折り始めても結構です。どうぞお好きな作品から、折り紙を持って手を動かしてみて下さい。
　きれいに折るためには、次の3つのことに気をつけて下さい。

◇模様入りの紙を何枚か組み合わせて作品にする場合、同じ位置に同じ模様がくるようにして折り始めましょう。作品の仕上がりが、よりきれいになりますよ。

◇縦・横の折り筋をしっかりとつけると、折る時の手助けをしてくれます。

◇途中でわからなくなった時は、次の折り図を見るとヒントになります。

　最後に本書の刊行にあたり携わって下さった関係者の皆様、そして、お忙しい時間の中、折り図データを作成して下さった丹羽兌子様には心から感謝申し上げます。

2017年12月
曽根 泰子

CONTENTS
もくじ

はじめに………………………………	2
折り方の記号……………………………	33
基本形の折り方…………………………	34

	写真	折り図
1 暮らしの小物………………	4	36
桜の器…………………………………	4	36
お出かけバスケット…………………	5	38
4枚組みの両面コースター…………	6	40
鯉の箸袋………………………………	7	42
はさみなしで作る封筒………………	8	44
かわいい封筒…………………………	8	45
チューリップの一筆箋………………	8	48
手付きの箱……………………………	9	49
フラワーボックス……………………	10	51
状差し…………………………………	11	54

	写真	折り図
2 季節の飾り…………………	18	56
おひな様………………………………	12	56
鯉のぼりの色紙………………………	13	59
蛇の目傘………………………………	14	64
ひまわり………………………………	15	69
なでしこ………………………………	16	72
おしどり………………………………	17	74
バラのモビール………………………	18	75

	写真	折り図
3 おもちゃの折り紙…………	19	77
サイコロ………………………………	19	77
箱ねずみ………………………………	20	79
よく回る風車…………………………	21	82
たこ A ………………………………	22	83
たこ B ………………………………	22	84
野菜かご………………………………	23	85

	写真	折り図
4 変身折り紙…………………	24	90
魔法の箱、くす玉……………………	24	90
フクロウ、フクロウの小物入れ……	25	92
長方形のトレー………………………	26	96
正方形のトレー………………………	26	97
市松のくす玉、市松の小物入れ……	27	98
仕切りの小物入れ、長方形ボックス……	28	102

	写真	折り図
5 折り鶴いろいろ……………	29	104
花時計…………………………………	29	104
鶴の傘・コマ…………………………	30	107
鶴のコースター………………………	31	108
平和の鶴………………………………	32	109

3

1 Living
暮らしの小物

小箱や器、食卓の小物、ミニ文具など、便利に使えて、ちょっとおしゃれな折り紙雑貨。
普段の暮らしに彩りを添えたり、おもてなしに役立てたり、いろいろ楽しんで下さいね。

桜の器
折り方 p.36

おめかし小皿にしても可愛い

Living 暮らしの小物

お出かけバスケット
折り方 p.38

ギフトもお出かけもおしゃれに

4枚組みの両面コースター
折り方 p.40

お茶の時間をカラフルに

Living 暮らしの小物

鯉の箸袋
折り方 p.42

子供の日の食卓を楽しく

はさみなしで作る封筒
折り方 p.44

かわいい封筒
折り方 p.45

チューリップの一筆箋
折り方 p.48

そっと気持ちを届けたいときに

| Living 暮らしの小物

手付きの箱
折り方 **p.49**

お菓子や小物・・・ちょこっと使いに可愛い小箱

フラワーボックス
折り方 p.51

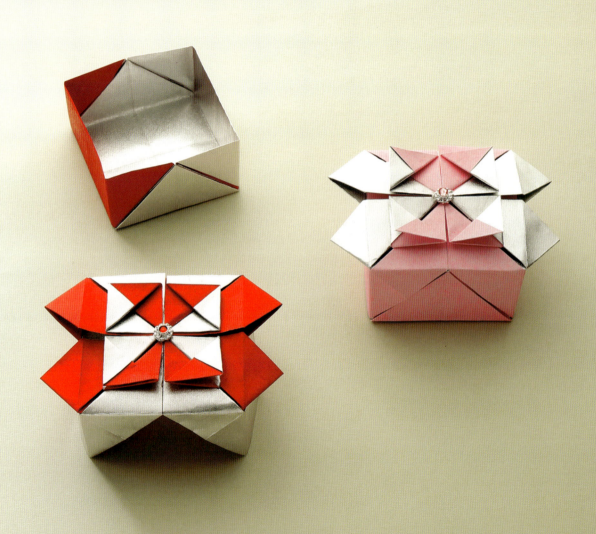

サイドのラインがスタイリッシュでおしゃれ

| Living 暮らしの小物

状差し
折り方 p.54

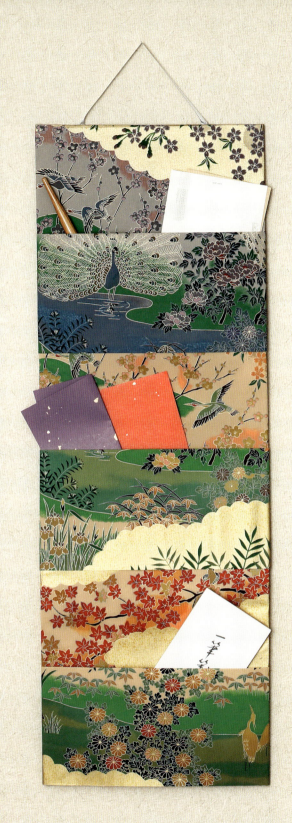

大切なお便りは、お気に入りの状差しに

2 Seasonal
季節の飾り

節句飾り、色紙、モビールなど、季節感のある折り紙作品でお部屋を飾ってみませんか？普通の折り紙用紙のほかにも、千代紙や和紙、きれいな模様のあるラッピングペーパーなどを使うと、豪華な飾りになりますよ。

おひな様
折り方 p.56

玄関やテーブルにぴったりのミニおひな様

Seasonal 季節の飾り

鯉のぼりの色紙
折り方 p.59

子供と一緒に鯉のぼり工作はいかが？

蛇の目傘
折り方 p.64

いろんな模様の飾り傘で梅雨時をパッと華やかに

傘の裏側

Seasonal 季節の飾り

ひまわり
折り方 p.69

元気いっぱいの夏の花
色紙にも、立体的な花飾りにも

お部屋をおしゃれに彩るアイテムに

なでしこ
折り方 p.72

Seasonal 季節の飾り

紅白のおしどりをお祝いの席に添えて

おしどり
折り方 p.74

バラのモビール
折り方 p.36

風に揺れてくるくる回る

3 Toys
おもちゃの折り紙

折り紙で、子供が喜ぶ可愛いおもちゃを作って遊んでみませんか？
折り方を覚えておくと、遊びの道具がない時に、ちょっと役立つかもしれません。
サイコロ、風車、たこなど、昔なつかしい遊びのお話もまじえて。

フォトフレームにもなる大きめのサイコロ

サイコロ
折り方 p.77

可愛いねずみの背中に何を入れましょうか？

箱ねずみ
折り方 p.79

Toys　おもちゃの折り紙

お家にある材料で作れて本当によく回る

よく回る風車
折り方 p.82

たこ A
折り方 p.83

たこ B
折り方 p.84

お正月の飾りに添えても楽しい

Toys おもちゃの折り紙

かごいっぱいの色とりどりの野菜たち

野菜かご
折り方 **p.85**

4 Transform
変身折り紙

折り方を少し変えたり、組み合わせたり、1つの作品にちょっと手を加えたりすると、まったく別のものに変身する不思議な折り紙です。ぜひ周りの人を驚かせて下さい。

くるりと回すとくす玉に変わる不思議な箱

魔法の箱、くす玉
折り方 p.90

| Transform 変身折り紙

フクロウ、
フクロウの小物入れ
折り方 **p.36**

人気のフクロウが、じょうぶなボックスに変身!

長方形のトレー
折り方 p.96

正方形のトレー
折り方 p.97

小物の整理に便利な四角いトレー

Transform 変身折り紙

市松のくす玉、
市松の小物入れ
折り方 p.98

同じパーツがどんどん姿を変える面白さ

仕切りの小物入れ、長方形ボックス
折り方 p.100

組み合わせると1つの箱になる、からくりボックス

5 Cranes
折り鶴いろいろ

折り紙の原点ともいえる「折り鶴」。鶴の折り方をアレンジして、いろいろな作品にしてみました。

鶴のモチーフを組み合わせた美しい飾り時計

花時計
折り方 p.104

鶴の傘
折り方 p.107

鶴の飾りが華やかな傘

縁を指ではじくと、くるくるとよく回ります

鶴のコマ
折り方 p.107

Cranes 折り鶴いろいろ

鶴のコースター
折り方 p.107

楽しいティータイムのアクセントに

平和の鶴
折り方 p.109

太陽のようなあたたかさをお部屋に

折り方の記号

折り図には、作品ごとに折り方の難しさを★マークの数で示しています。最も簡単なものが★、最も難しいものが★★★です。参考になさって下さい。

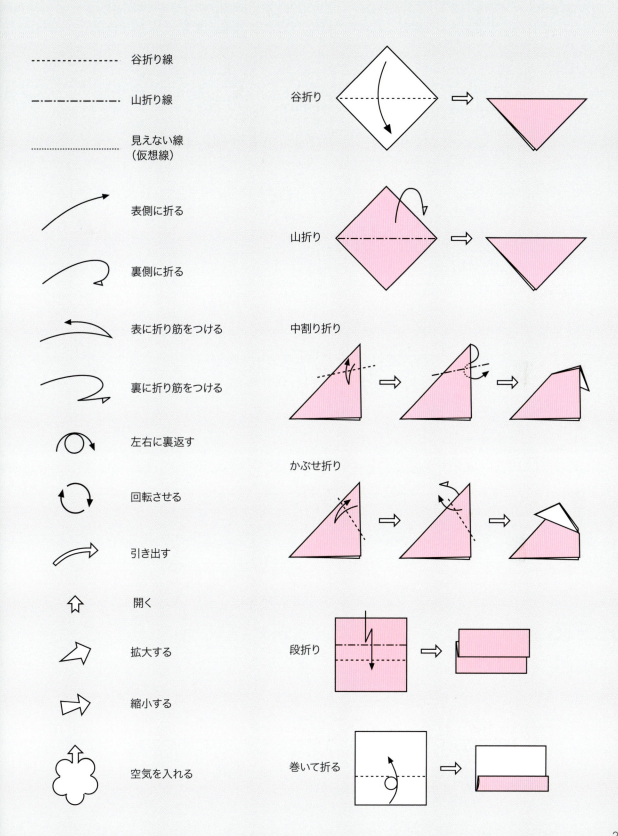

基本形の折り方

正方基本形

折り方1

裏返して斜めに置く。
カドを合わせてたたむ。
正方基本形

折り方2

半分に折る。 半分に折る。 開いてつぶす。 反対側も同じ。

風船基本形

折り方1

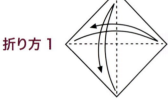
対角線をつける。 裏返して横に置く。 中心線をつける。 カドを合わせてたたむ。
風船基本形

折り方2

半分に折る。 開いてつぶす。 反対側も同じ。

魚の基本形

対角線をつける。 中心線に合わせて折る。 上下のカドを合わせて折る。

魚の基本形2 **魚の基本形1** 引き下げて折る。

裏の1枚を下げる。

二そう舟基本形

折り方 1

中心線と対角線をつける。　中心に合わせて折筋をつける。　〇を中心に集めてたたむ。　カドを引き出す。

折り方 2

  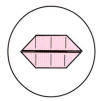

カドを引き出す。

二そう舟基本形

鶴の基本形 1・2

 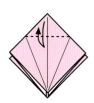  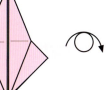

正方基本形から。
中心線に合わせて表裏に折り筋をつける。

引き上げてたたむ。

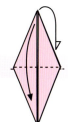 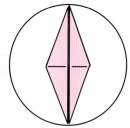 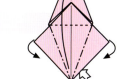

鶴の基本形 2　　両側へ下げる。　　鶴の基本形 1　　反対側も同じ。

かえるの基本形

    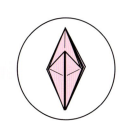

正方基本形から。　開いてつぶす。　引き上げてたたむ。　残りの 4 枚のひだも同じように折る。　かえるの基本形

ざぶとん基本形（ざぶとん折り）

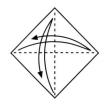 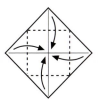 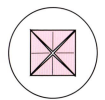

かんのん基本形（かんのん折り）

  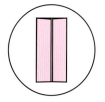

1 暮らしの小物

桜の器

| 写真 >>> p.4 | 難易度 ★★ |

5枚のパーツを組み合わせます。1枚のパーツには花びらが2枚ついているので、そのうち1枚だけ重ねながら、花びらが5枚の桜の形にしていきます。重ねた花びらがずれないように注意して下さい。

紙のサイズ
大きい花　15×15cm ……5枚
小さい花　7.5×7.5cm ……5枚

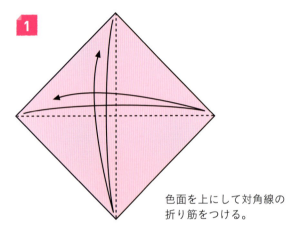

色面を上にして対角線の折り筋をつける。

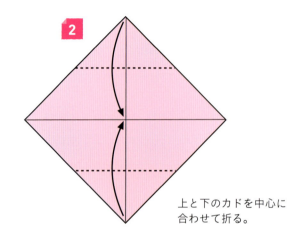

上と下のカドを中心に合わせて折る。

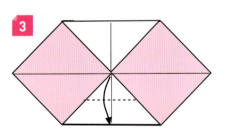

2で折った下側の三角をもう一度下の線に合わせて折る。

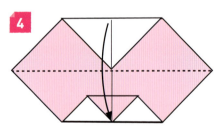

上下の端を合わせて半分に折る。

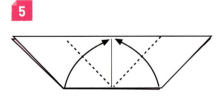

2枚一緒に下の線を中心の縦の線に合わせて折る。

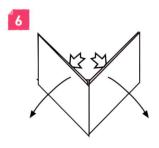

ポケットに手を入れて開く。

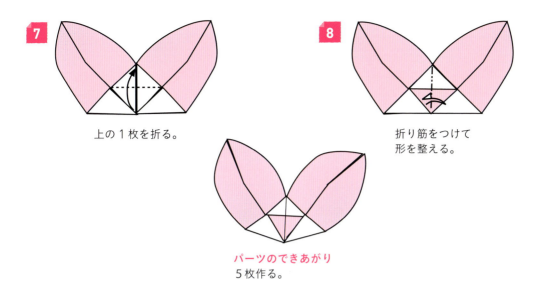

7 上の1枚を折る。

8 折り筋をつけて形を整える。

パーツのできあがり
5枚作る。

| 組み合わせ方 | 5枚のパーツを、順に花びらを重ねながらつなぎ、桜の花の形にします。

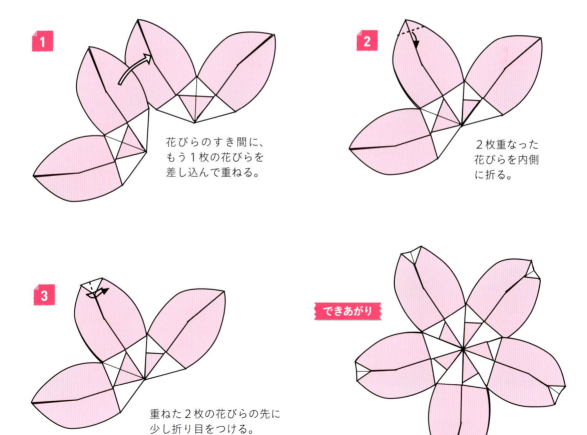

1 花びらのすき間に、もう1枚の花びらを差し込んで重ねる。

2 2枚重なった花びらを内側に折る。

3 重ねた2枚の花びらの先に少し折り目をつける。残りの3枚のパーツも、同じように組み合わせる。

できあがり

37

お出かけバスケット

| 写真 >>> p.5 | 難易度 ★★★ |

大きい紙で折っても楽しいですし、小さい紙でたくさん折って用意しておくと、キャンディやチョコレートなどをちょっと入れてプレゼントするのに便利です。持ち手の長さを自由に調整することができるのも、気に入っています。

> **紙のサイズ**
> **バスケット本体** 25×25cm ……1枚
> **持ち手** 25×6.25cm（バスケット本体の紙を1/4の幅に切る）………1枚

バスケット本体

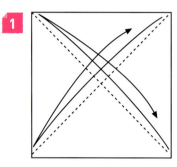
対角線の折り筋をつける。

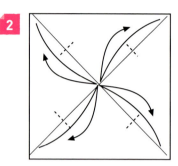
それぞれのカドを中心に合わせて印をつける。

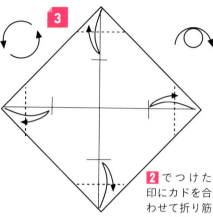
2でつけた印にカドを合わせて折り筋をつける。

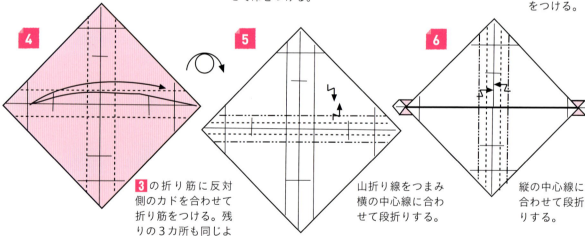
3の折り筋に反対側のカドを合わせて折り筋をつける。残りの3カ所も同じように折る。 / 山折り線をつまみ横の中心線に合わせて段折りする。 / 縦の中心線に合わせて段折りする。

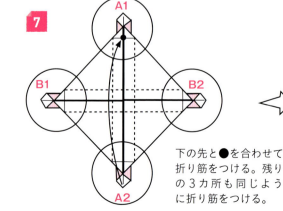
下の先と●を合わせて折り筋をつける。残りの3カ所も同じように折り筋をつける。

A1の拡大図

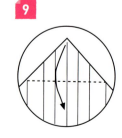

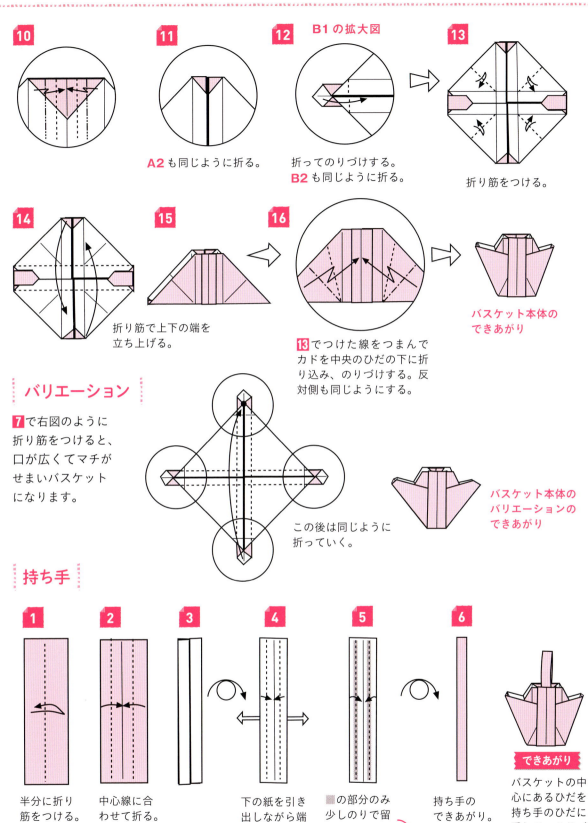

暮らしの小物

4枚組みの両面コースター

| 写真 >>> p.6 | 難易度 ★★ |

名前の通り両面使えます。模様がある紙で折る時は、4枚の紙の模様が全て同じになるように置いてから折り始めましょう。これだけのことで、仕上がりの美しさが、ぐっと違ってきます。

紙のサイズ
15×15cm ……4枚

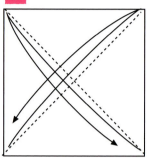

1. 対角線の折り筋をつける。

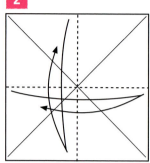

2. 縦横の中心線をつける。

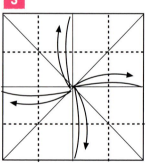

3. 2の中心線に縦横の端を合わせて折り筋をつける。

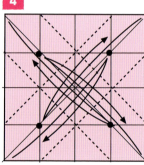

4. それぞれのカドを内側の●と合わせて折り筋をつける。

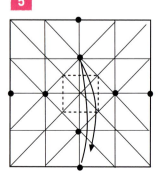

5. ●と●を合わせて中心だけ押さえて正方形の折り筋をつける。

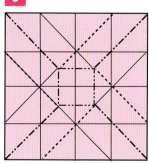

6. 中心の正方形と対角線を山折り線に変えねじるようにして平らにする。

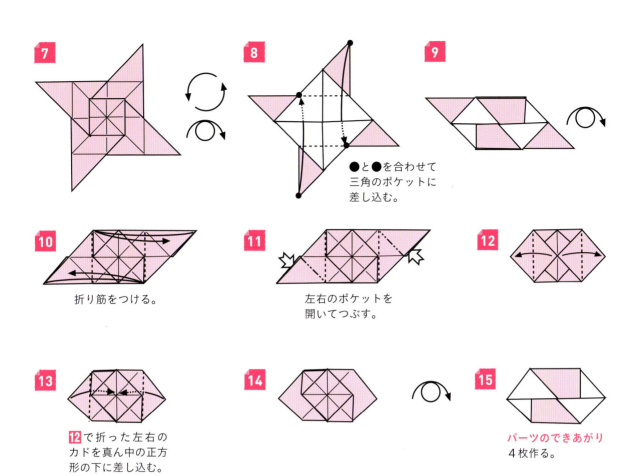

●と●を合わせて
三角のポケットに
差し込む。

折り筋をつける。

左右のポケットを
開いてつぶす。

12 で折った左右の
カドを真ん中の正方
形の下に差し込む。

パーツのできあがり
4枚作る。

組み合わせ方

パーツの先をポケットに
差し込みながら4枚組み
合わせて、のりづけする。

できあがり

表　　裏

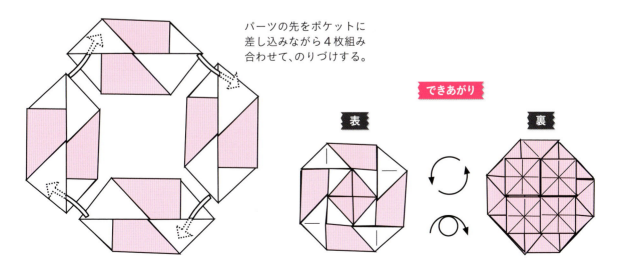

41

鯉の箸袋

| 写真 >>> p.7 | 難易度 ★ |

端午の節句の楽しいテーブル飾りにいかがでしょう。箸袋にそれぞれの名前を書いたり、いろいろな模様の紙で折ってテーブルの真ん中に飾ったりしても楽しいと思います。話がはずむきっかけになるかもかもしれませんね。

紙のサイズ
15×15cm ……1枚

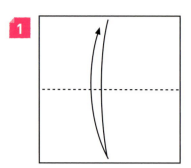
端と端を合わせて中心線をつける。

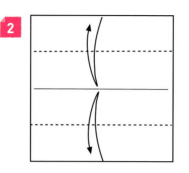
中心線に上と下の端を合わせて折り筋をつける。

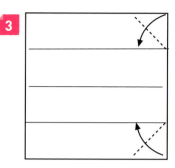
右側のそれぞれのカドを2でつけた線に合わせて三角に折る。

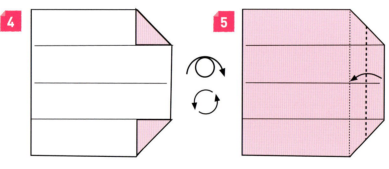

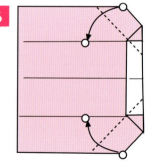
右側の端を上下のカドを結ぶ線に合わせて折る。

○印が重なるように折る。

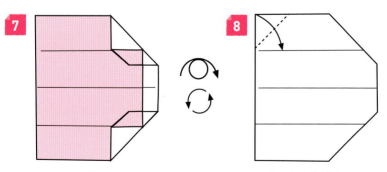

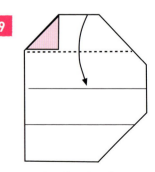
左上のカドを折る。

上の端を中心線に合わせて折る。

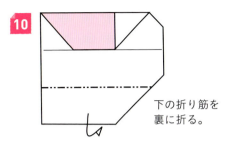

下の折り筋を
裏に折る。

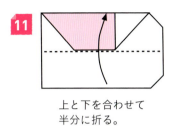

上と下を合わせて
半分に折る。

上の紙1枚を下の線に
合わせて三角に折り筋を
つける。

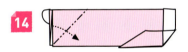

13の折り筋を中割り
折りする。

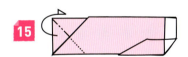

下側の紙はカドを上の端に
合わせて三角に折る。

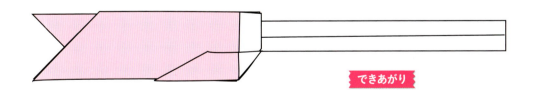

できあがり

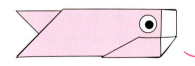

箸は手で持つ方を右側にして、
鯉の口から差し込みます。
シールなどで目玉をつけると、
かわいいですよ！

43

1 暮らしの小物

はさみなしで作る封筒

| 写真 >>> p.8 | 難易度 ★ |

急にお年玉袋が必要な時、ちょっとお手紙をと思った時など、はさみを使わず簡単に作ることができます。きれいな折り紙や包装紙を、好みの大きさで準備しておくと便利ですよ。

紙のサイズ
15×15cm ……1枚

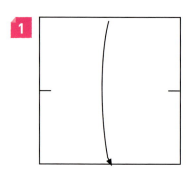

1. 上の端と下の端を合わせて半分の印だけつける。

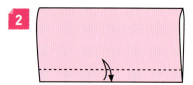

2. 上下の端を合わせ、2枚の紙を一緒に1cmぐらい折って開く。この時、上の方の「輪」の部分には折り目をつけないようにする。

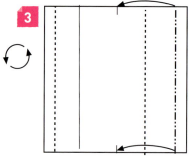

3. 左に谷折り線、右に山折り線がくるように置く。山折り線を1でつけた印に合わせて折る。

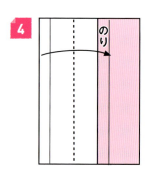

4. のりしろを重ねてのりづけする。

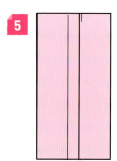

5.

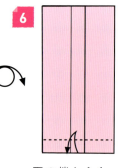

6. 下の端から1cmぐらいのところに折り筋をつける。

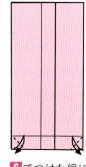

7. 6でつけた線にカドを合わせて折り筋をつける。

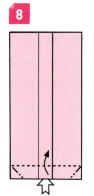

8. ポケットを開いてつぶす。

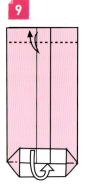

9. 手前の部分を内側に差し込む。上の端も6～8と同じように折る。

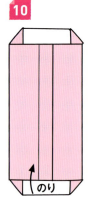

10. 封筒の底をのりづけする。

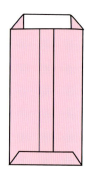
表

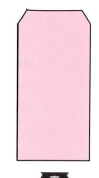
裏

できあがり

44

かわいい封筒

| 写真 >>> p.8 | 難易度 ★★ |

簡単なメッセージを入れたり、ぽち袋のようにお金を入れて渡してみましょう。封筒の口がえりのようになっているのでリボンやネクタイをつけると楽しいですよ。飾りのリボンやネクタイは小さいので、がんばって折って下さいね。

紙のサイズ
封筒 15×15cm ……… 1枚
ネクタイ・リボン・リボンのふさ
7.5×2cm弱（7.5×7.5cmの紙を1/4の幅に切る）……各1枚

封筒

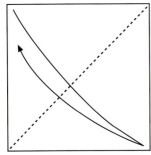
斜めの折り筋をつける。

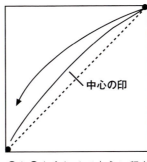
●と●を合わせて中心に印をつける。

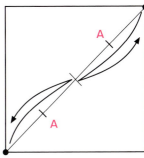
●をそれぞれ中心に合わせて**A**印をつける。

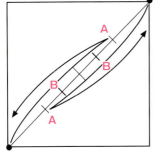
●をそれぞれ**A**印に合わせ**B**印をつける。

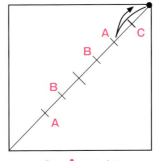
右上の●と**A**印を合わせて、**C**印をつける。

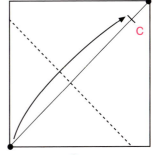
左下の●と**C**印を合わせて折る。

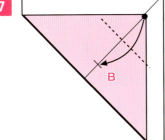
4でつけた**B**印に●を合わせて折る。

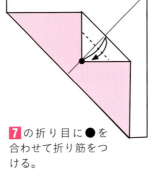
7の折り目に●を合わせて折り筋をつける。

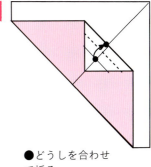
●どうしを合わせて折る。

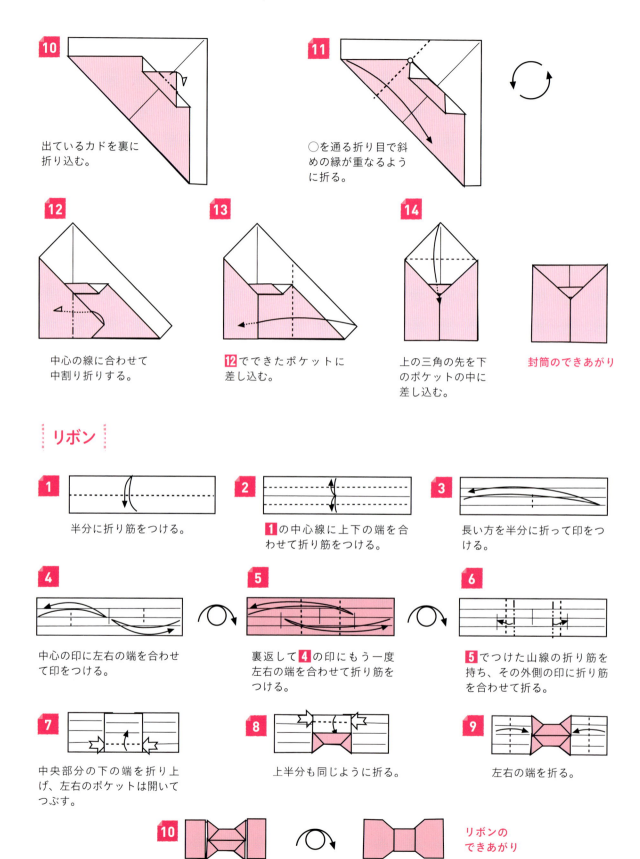

リボンのふさ

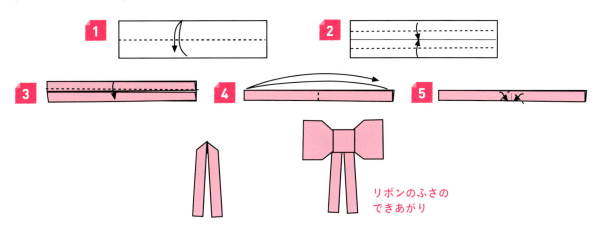

ネクタイ

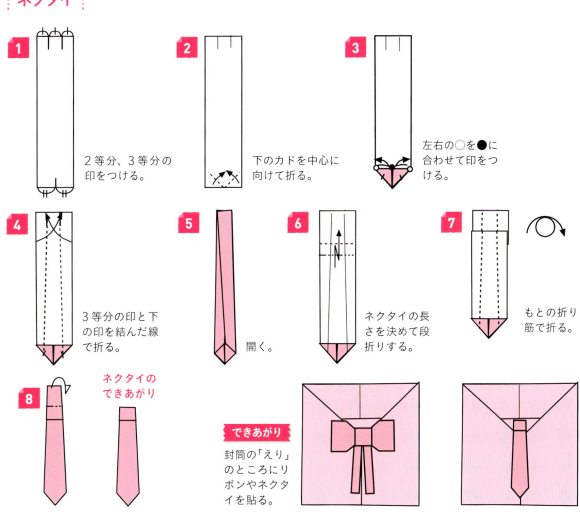

チューリップの一筆箋

| 写真 >>> p.8 | 難易度 ★ |

チューリップの花を開くと一筆箋になります。もちろん、そのままで花の飾りにも。折り方は簡単ですが、最後に2枚の花びらが重なるように折るのがポイントです。

紙のサイズ
15×15cm ……1枚

1
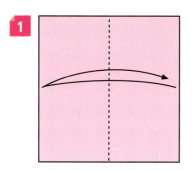
色面を上にして半分の折り筋をつける。

2
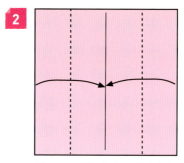
縦の中心線に左右の端を合わせて折る。

3
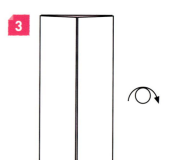

4
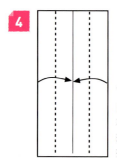

5
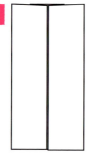
下の紙をひき出しながら左右の端を中心線に合わせて折る。

6
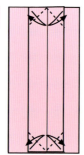
中心の長方形の4つのカドに折り筋をつける。

7
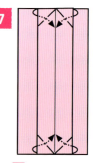
6の折り筋で中割り折りする。

8
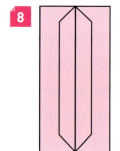

9
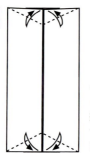
それぞれのカドと中心線を結んだところで折り筋をつける。

10
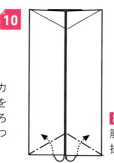

11
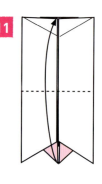
8の折り筋で中割り折りする。

12
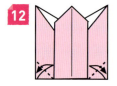
折り筋をつける。

13

12の折り筋で中割り折りする。

14

下の花びらを上の花びらに重ねて折る。

15

できあがり

手付きの箱

| 写真 >>> p.9 | 難易度 ★★ |

小物入れとして使ったり、小さなお菓子を入れて、ちょっとした
おもてなしにも。持ち手にリボンをつけて、プレゼントを入れて
も素敵です。

紙のサイズ
箱　　15×15cm ……… 1枚
持ち手　15×5cm ……… 1枚

箱

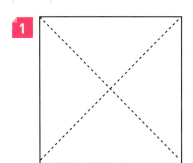

1. 対角線の折り筋をつける。

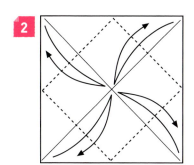

2. それぞれのカドを中心に合わせて折り筋をつける。

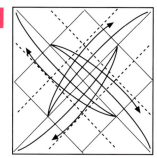

3. 2の折り筋に対角になるカドを合わせて折り筋をつける。

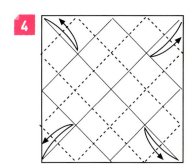

4. 2の折り筋にそれぞれのカドを合わせて折り筋をつける。

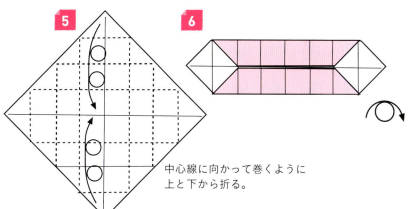

5. （図参照）

6. 中心線に向かって巻くように上と下から折る。

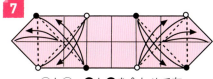

7. ○と○、●と●を合わせて左右に対角線の折り筋をつける。

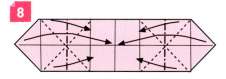

8. 左右を中心線に寄せるように折る。

9.

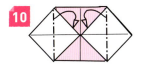

10. それぞれの左右のポケットに三角の先を折り込む。

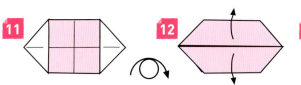

11.

12. 外側に開いて立体化する。

13. **箱のできあがり**

1 暮らしの小物

持ち手

1 中心に折り筋をつける。

2 中心線にそれぞれの端を合わせて折る。

3

4 下の紙を引き出しながら端を中心に合わせて折る。

5

6 内側のひだの中に差し込む。

7

端の拡大図

8 カドを折る。

9 折り筋をつける。

10 開く

11 中心の○を下げて戻す。

12 反対の端も同じように折る。

13 持ち手のできあがり

組み合わせ方

1 箱の横にある三角のひだに持ち手の先を差し込んでのりづけする。

2 両端とも持ち手をつける。

できあがり

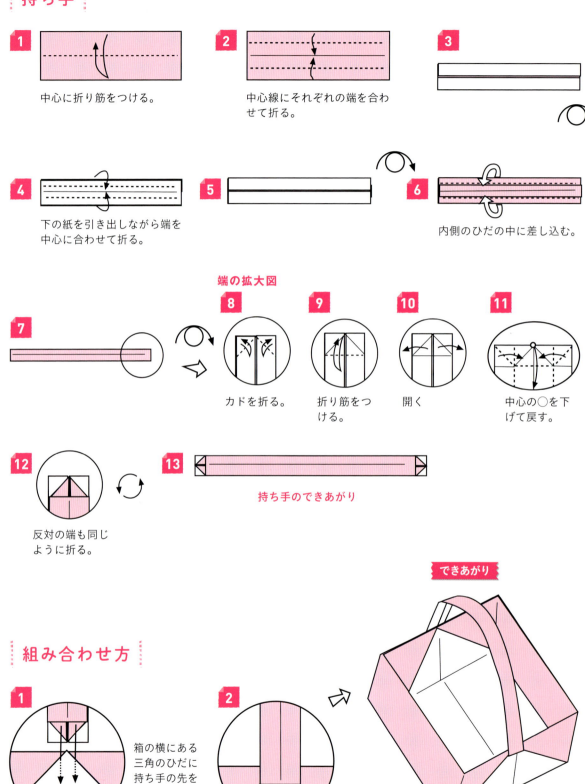

50

フラワーボックス

| 写真 >>> p.10 | 難易度 ★★★ |

箱本体はp.49の「手付きの箱」と同じ。これに華やかなふたがつくので、「フラワーボックス」と名づけました。ふたはパーツ2枚を組み合わせて作り、その中心にもう1枚飾りが入ります。ふたと飾りをグラデーションの紙で折ると、きれいですよ。

紙のサイズ
箱本体 10×10cm …… 1枚
ふた 7.5×7.5cm …… 2枚
ふたの中心の飾り
　　　　 7.5×7.5cm …… 1枚

箱本体
p.49の「手付きの箱」と同じ折り方です。

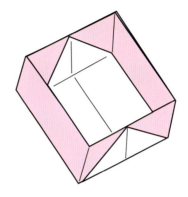

ふたの中心の飾り
ふたの中に組み込む飾りを先に折っておきます。

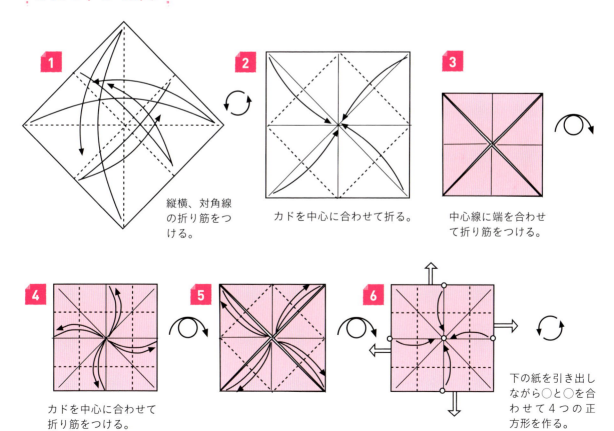

1. 縦横、対角線の折り筋をつける。
2. カドを中心に合わせて折る。
3. 中心線に端を合わせて折り筋をつける。
4. カドを中心に合わせて折り筋をつける。
5.
6. 下の紙を引き出しながら○と○を合わせて4つの正方形を作る。

51

1 暮らしの小物

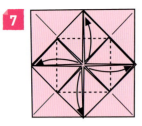

上の1枚を、中心から外側に向かって折る。

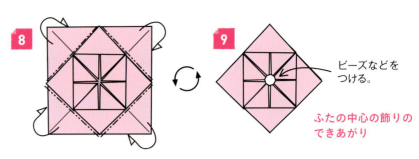

4つのカドを、すぐ下のポケットに差し込む。

ビーズなどをつける。

ふたの中心の飾りのできあがり

ふた パーツを2枚組み合わせて、ふたを作り、中心に飾りを組み込みます。

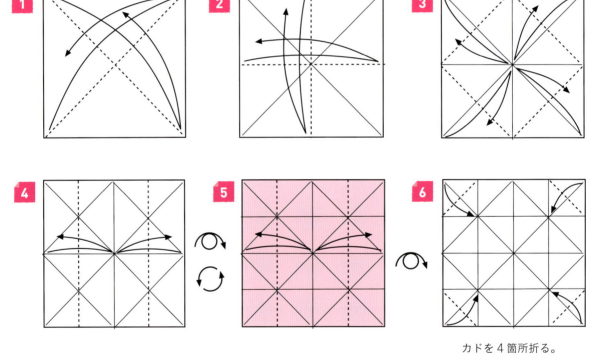

カドを4箇所折る。

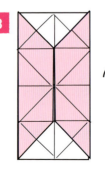

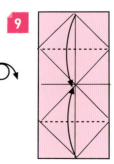

上下の端を中心線に合わせて折る。

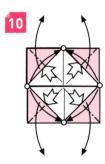

○と○を合わせて倒しながら三角と三角を重ねる。

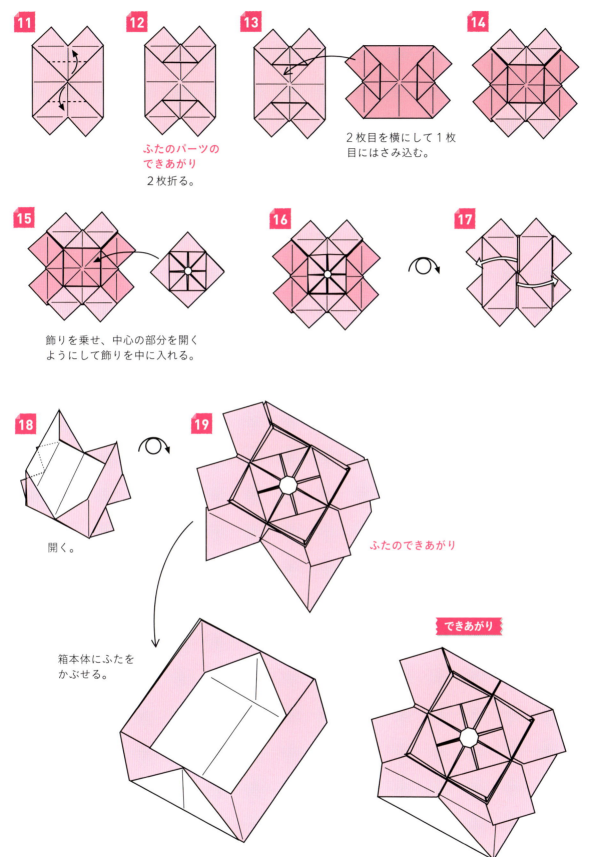

1 暮らしの小物

状差し

| 写真 >>> p.11 | 難易度 ★★ |

3枚のパーツを縦に貼り合わせて作ります。折り方が簡単なので、好きな柄の紙が見つかったら、柄を合わせて折ってみましょう。お好みで、パーツの数を増やしたり減らしたりすることもできます。

紙のサイズ
大　30×30cm ……3枚
小　15×15cm ……3枚

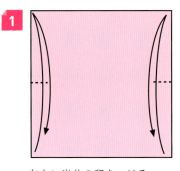
1
左右に半分の印をつける。

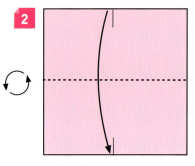
2
半分に折る。

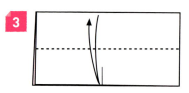
3
上の1枚の下の端を上の端に合わせて折り筋をつける。

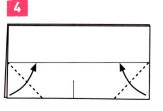
4
カドを三角に折る。

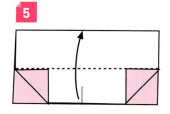
5
上の1枚を折り上げる。

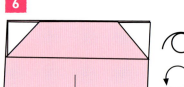
6

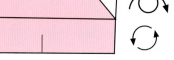

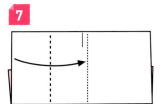
7
半分の印より少し過ぎたところで合わせる。

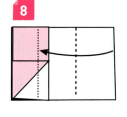
8
反対側も2〜3mm過ぎたところで合わせる。

9

左側の下半分を引き出して右側の端のポケットに差し込む。

10
パーツのできあがり
3枚作る。

11
上の1枚のみ、左右の上のカドに折り筋をつける。折る分量はお好みで。

54

上のカドを中割り折りする。重なる中心はのりで留める。

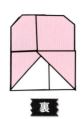
裏

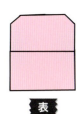
表

上段のパーツのできあがり

組み合わせ方 3枚のパーツを縦に組み合わせます。お好みで何段にもすることができます。

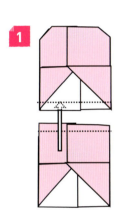

下のポケットにのりをつけて差し込み、3枚をつなぐ。ポケットは2つあるので、奥の方に入れるとよい。

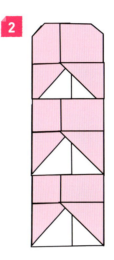

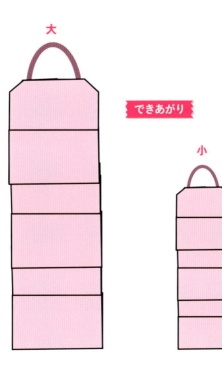

大

小

できあがり

下げひもをつけて、壁にかけましょう。
いろいろな大きさの紙で作ると楽しいですよ!

55

2 季節の飾り

おひな様

写真 >>> p.12 ｜ 難易度 ★★★

めびな、おびな、屏風のパーツなど、すべての折り方が途中まで同じです。そのため、折り方を覚えるのは簡単なのですが、屏風の組み合わせ方は間違えやすいので、折り図をよく見て鉛筆で印をつけておいたりしてもよいでしょう。

> **紙のサイズ**
> めびな　15×15cm ……… 1枚
> おびな　15×15cm ……… 1枚
> 屏風　　15×15cm ……… 5枚

めびな

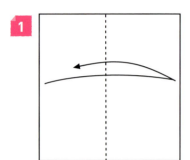

1　縦に半分の折り筋をつける。

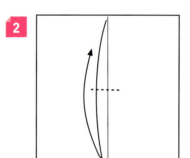

2　横半分の印をつける。

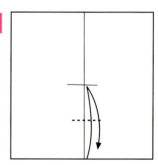

3　2の印に下の端を合わせて印をつける。

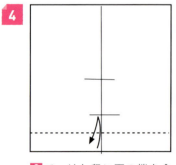

4　3でつけた印に下の端を合わせて折り筋をつける。

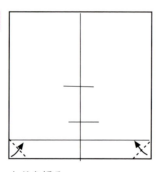

5　カドを折る。

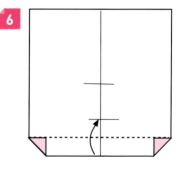

6

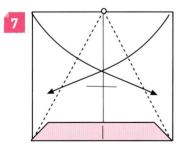

7　左右の下のカドと中心の○をそれぞれ対角線で結んだところで折る。

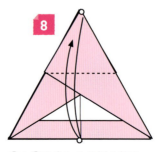

8　○と○を合わせて折り筋をつける。

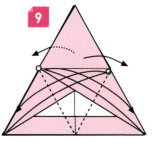

9　カドを○に合わせて折り筋をつけてから開く。

56

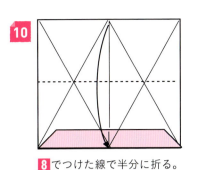

8でつけた線で半分に折る。

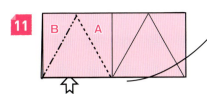

Aを谷線、Bを山線に変えて開いてつぶす。

反対側も11と同じように折り筋を変えて開いてつぶし、カドを内側へ入れる。

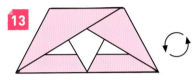

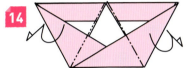

中心の三角の端に合わせて折り筋をつける。

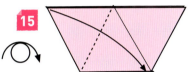

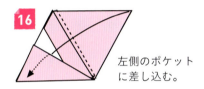

左側のポケットに差し込む。

上の1枚を下げる。

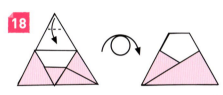

めびなのできあがり

おびな

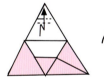

「めびな」の18から。　おびなのできあがり

お好みで顔を描いたり、冠をつけたり、いろいろアレンジしてみて下さい。

屏風のパーツ1

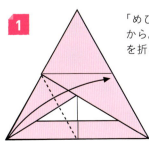

「めびな」の8から。左のカドを折る。

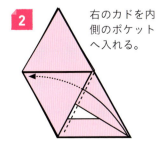

右のカドを内側のポケットへ入れる。

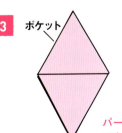

ポケット

パーツ1のできあがり

57

屏風のパーツ2

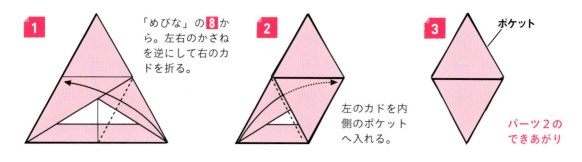

屏風のパーツ3

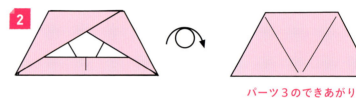

「めびな」の13から。白い三角をポケットへ入れる。

屏風のパーツ4

組み合わせ方

4種類のパーツを組み合わせて作ります。

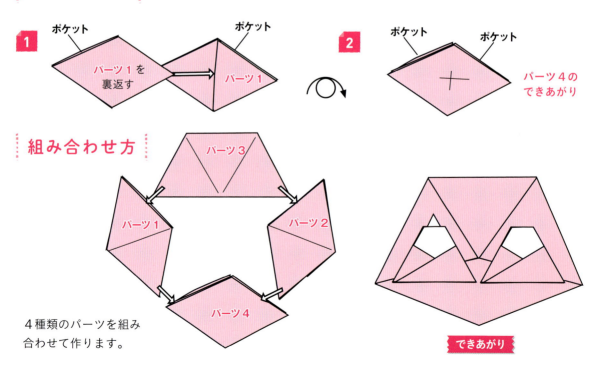

鯉のぼりの色紙

| 写真 >>> p.13 | 難易度 ★★★ |

鯉のぼり、花しょうぶ、家を組み合わせた、端午の節句の飾りにぴったりの色紙です。それぞれの折り方は簡単ですが、組み合わせると豪華な作品になりますよ。

紙のサイズ
大　11×11cm ……1枚
中　10×10cm ……1枚
小　9×9cm ……1枚

鯉のぼり

「鯉の箸袋」(p.42)と頭の向きが違うだけですが、間違いやすいので折り図をよく見て折って下さい。

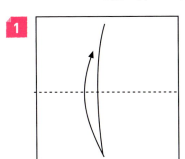
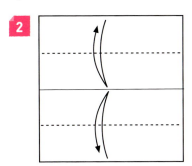
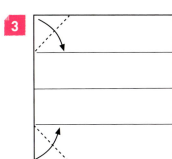

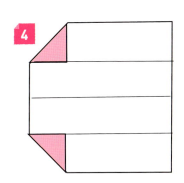
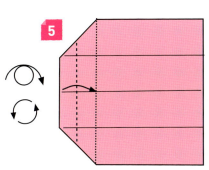

●印のカドを **2** の折り筋に合わせて折る。

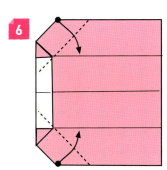
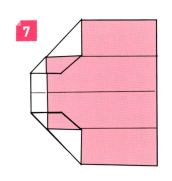
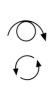
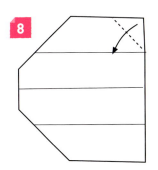
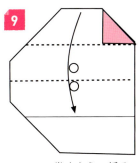

巻くように折る。

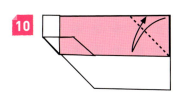

カドに折り筋をつける。

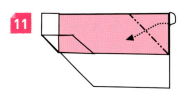

中割り折りする。

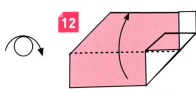

下の端と上の端を合わせて折る。

59

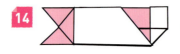
13

左のカドを三角に折る。

14

15

鯉のぼりのできあがり
大中小3枚折る。

家

p.13では大小2枚重ねて2階建てにしていますが、もちろん1階だけの平屋でも結構です。

紙のサイズ
大　11×11cm ……………… 1枚
小　6×6cm ……………… 1枚

1
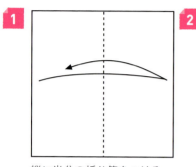
縦に半分の折り筋をつける。

2
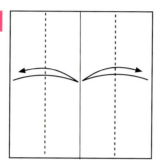
中心線に左右の端を合わせ折り筋をつける。

3
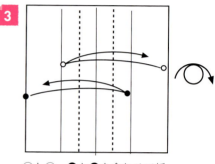
○と○、●と●を合わせて折り筋をつける。

4
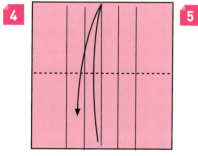
横に半分の折り筋をつける。

5
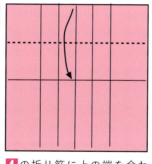
4の折り筋に上の端を合わせて折る。

6
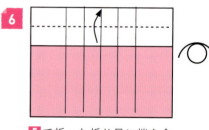
5で折った折り目に端を合わせて折り、その後開く。

7
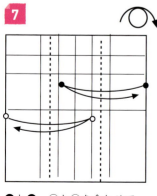
●と●、○と○を合わせて折り筋をつける。

8
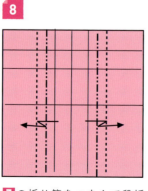
7の折り筋をつまんで段折りにする。

9
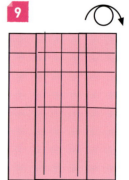

10
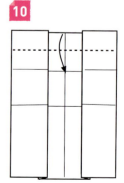

60　季節の飾り

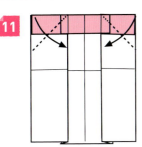
11 上の左右のカドを折る。中央の部分はひだの下に入れる。

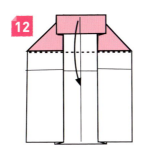
12

13

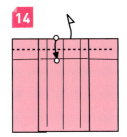
14 裏の紙を引き出しながら○と○を合わせて折る。

15

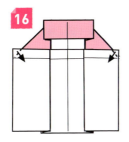
16

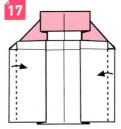
17 16で折ったカドを開いてつぶしながら左右の端を折る。

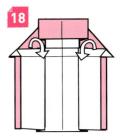
18 ひだの下にある左右の三角を引き出す。

19 下の端を○に合わせて折る。

20 左右の三角をひだの上に出す。

21 上に出した三角のカドを小さなひだの間に差し込む。

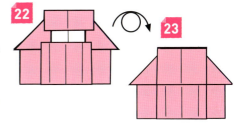
22

23 家のできあがり
大小2枚折る。

花しょうぶ

花 サイズが小さいので、がんばって挑戦して下さいね。

紙のサイズ
花　2.5×2.5cm ……1枚　　がく　2.5×2.5cmを斜めに切る ……1枚
茎と葉　7.5×1cm …1枚

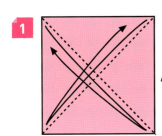
1 対角線の折り筋をつける。

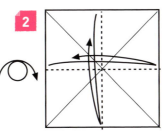
2 縦横の折り筋をつける。

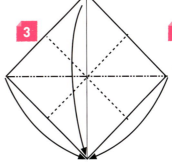
3 カドを合わせてたたむ。

4 左右の端を中心線に合わせて折り筋をつける。

61

2 季節の飾り

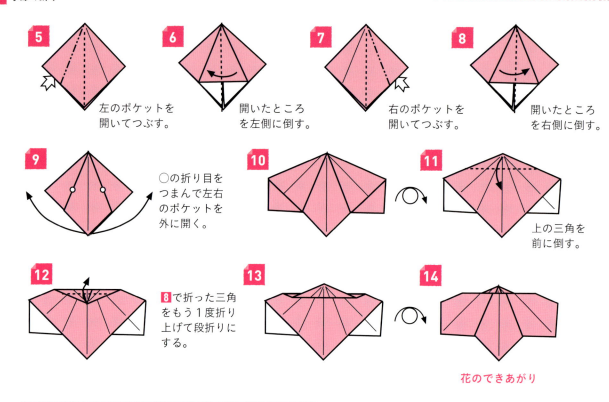

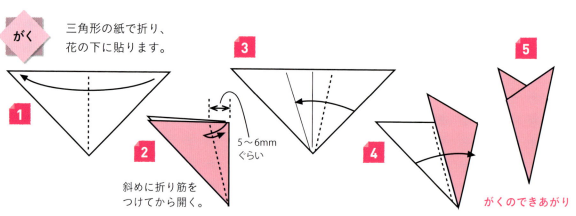

がく　三角形の紙で折り、花の下に貼ります。

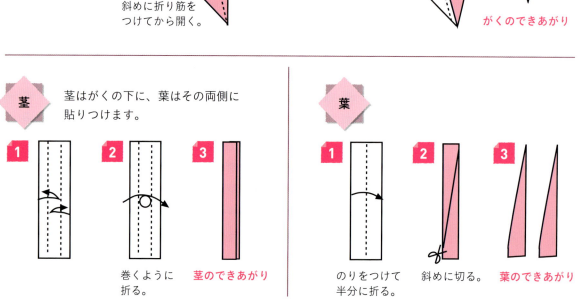

茎　茎はがくの下に、葉はその両側に貼りつけます。

葉

62

吹き流し

5mm幅の紙5枚を端の紙に並べてのりづけし、紙の端を輪にして留めます。

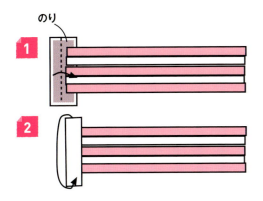

仕上げ

1. 24×0.5cmの茶色い紙を鯉のぼりのさおにしてこより（1.5cm幅ぐらいの紙で作る）で作ったひもを結びつけ、上から吹き流し、鯉のぼり（大中小）をつける。

2. さおの先には「よく回る風車」（p.82）をつける。

3. 家は大小を重ねて貼る。

4. 色紙に鯉のぼりと家を貼る。花しょうぶの花、がく、茎と葉を好きな数だけ作って貼る。

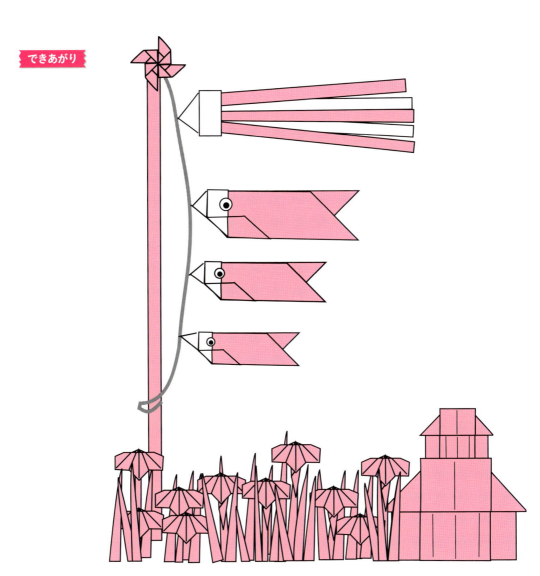

63

蛇の目傘

| 写真 >>> p.14 | 難易度 ★★★ |

パーツの折り方を少し変えるだけで、いろいろな模様のバリエーションを楽しむことができます。前著『暮らしを楽しむアイデア折り紙』で何種類か掲載したところ、「もっといろいろなバリエーションを知りたい」というご要望が多かったので、本書ではまた違う折り方として、A〜Eをご紹介します。

紙のサイズ
傘の外側　12×12cm ……7枚
傘の内側　7.5×7.5cm ……7枚

傘Aの外側

傘の外側のパーツです。できあがったら次頁のように組み合わせ、さらに内側の部分と柄などをつけて組み立てましょう。

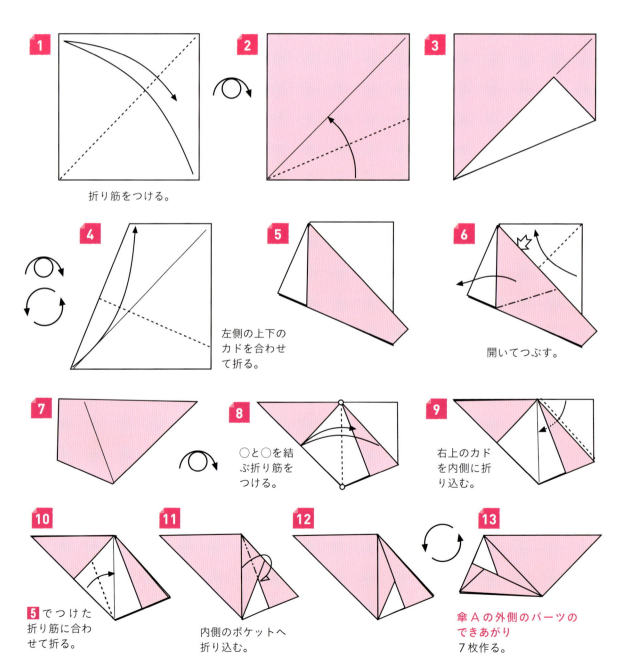

組み合わせ方

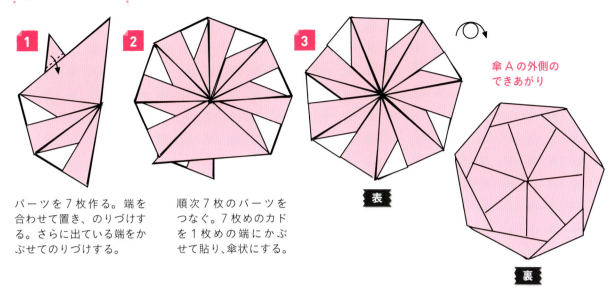

1. パーツを7枚作る。端を合わせて置き、のりづけする。さらに出ている端をかぶせてのりづけする。
2. 順次7枚のパーツをつなぐ。7枚めのカドを1枚めの端にかぶせて貼り、傘状にする。

傘Aの外側のできあがり

表
裏

傘の内側

傘の内側はA〜Eすべてに共通です。

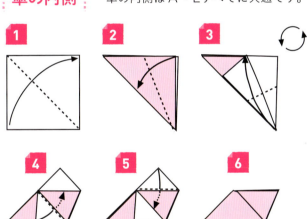

4. 三角の下へ折り込む。
5. 上の三角を下側のポケットへ折り込む。
6. 傘の内側のパーツのできあがり 7枚作る。

組み合わせ方

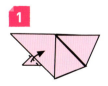

1. パーツの端を合わせてのりづけし、さらに出ているところをかぶせてのりづけする。
2. 順次7枚合わせてのりづけし、凹状に仕上げる。
3. 傘の内側のできあがり

傘の組み立て方

外側と内側を向かい合わせに置いて色紙を巻いた竹ひごを差し、のりづけする。竹ひごの先に2.5×2.5cmの紙を乗せ、飾りのビーズをつけて仕上げる。

できあがり

65

2 季節の飾り

傘Bの外側

B～Dは、模様違いのバリエーションです。それぞれ7枚折り、B～Cは「傘A」と同じように組み合わせて仕上げて下さい。

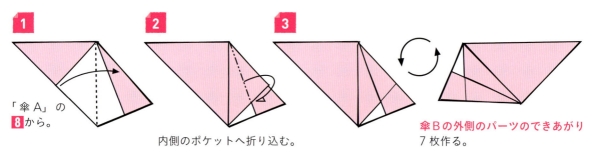

傘Cの外側

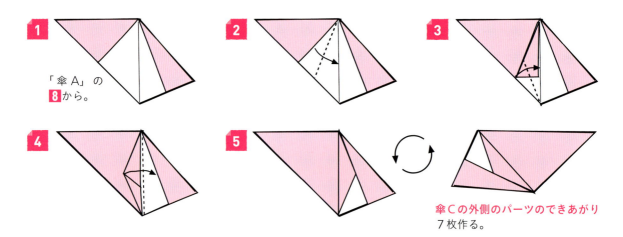

傘Dの外側

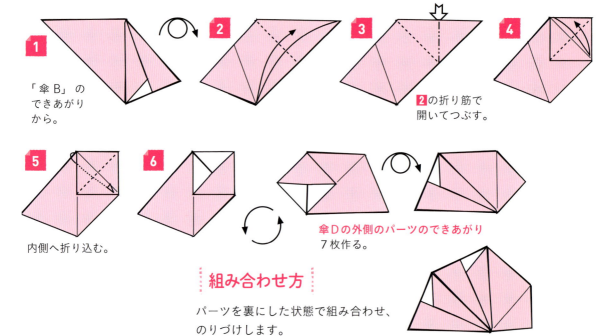

組み合わせ方

パーツを裏にした状態で組み合わせ、のりづけします。

傘Eの外側　鶴の模様が出るバリエーションです。

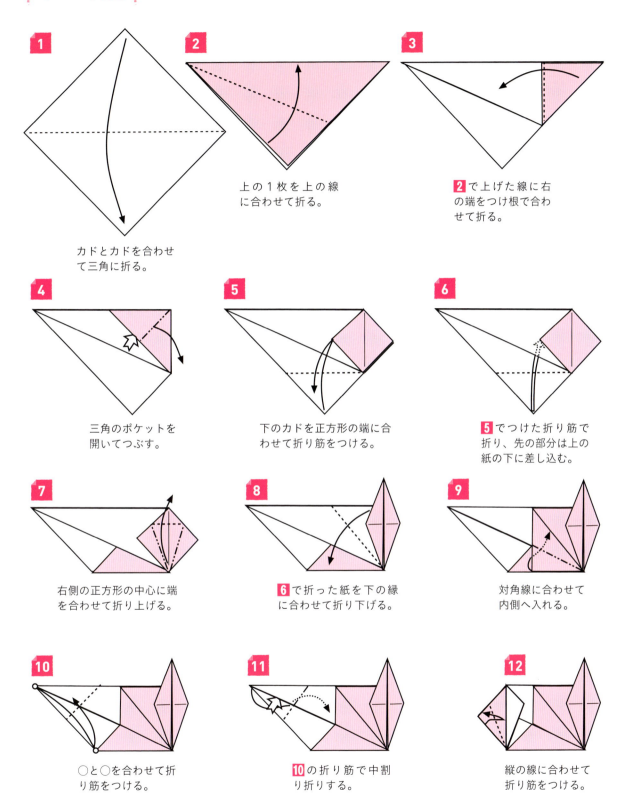

1. カドとカドを合わせて三角に折る。
2. 上の1枚を上の線に合わせて折る。
3. 2で上げた線に右の端をつけ根で合わせて折る。
4. 三角のポケットを開いてつぶす。
5. 下のカドを正方形の端に合わせて折り筋をつける。
6. 5でつけた折り筋で折り、先の部分は上の紙の下に差し込む。
7. 右側の正方形の中心に端を合わせて折り上げる。
8. 6で折った紙を下の縁に合わせて折り下げる。
9. 対角線に合わせて内側へ入れる。
10. ○と○を合わせて折り筋をつける。
11. 10の折り筋で中割り折りする。
12. 縦の線に合わせて折り筋をつける。

2 季節の飾り

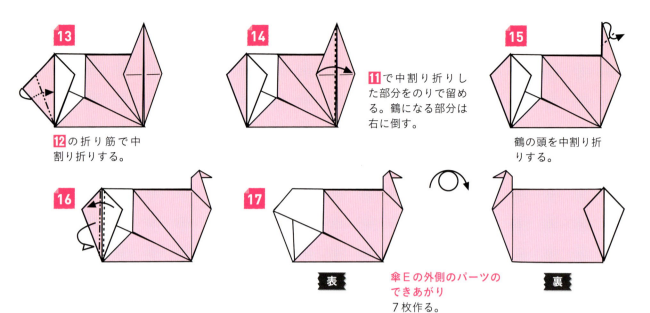

13 12の折り筋で中割り折りする。

14 11で中割り折りした部分をのりで留める。鶴になる部分は右に倒す。

15 鶴の頭を中割り折りする。

16

17 表 / 裏
傘Eの外側のパーツのできあがり
7枚作る。

組み合わせ方

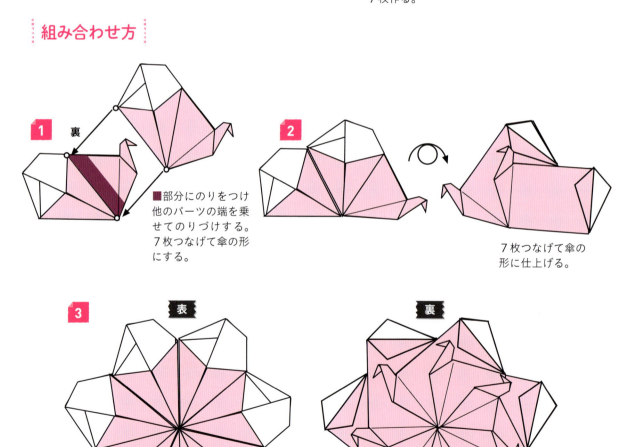

1 裏
■部分にのりをつけ他のパーツの端を乗せてのりづけする。7枚つなげて傘の形にする。

2 7枚つなげて傘の形に仕上げる。

3 表 / 裏
傘Eの外側のパーツのできあがり
傘Aと同じように組み立てる。

68

ひまわり

| 写真 >>> p.15 | 難易度 ★★★ |

折りが多いので少し大変ですが、完成するとゴージャスな花になります。p.15の写真のように色紙に貼ったり、立体的な花飾りにするほか、小さな紙で折ってブローチやイヤリングなどのアクセサリーにアレンジすることもできますよ。

紙のサイズ

花びら	7.5×7.5cm	16枚
種	13×13cm	1枚
がく	7.5×7.5cmの紙を4等分した三角形	8枚
葉	7.5×7.5cm	適宜

花びら
7.5×7.5cm
16枚

花びらと同じサイズの紙を4等分して三角形に切る。8枚。

種
13×13cm
1枚

葉
7.5×7.5cm
適宜

花びら

1
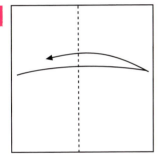
縦に半分の折り筋をつける。

2
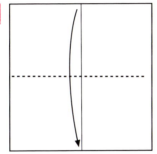
横半分に折る。

3
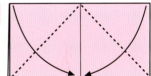
縦の中心線に左右の端を合わせて折る。

4

折り筋をつける。

5
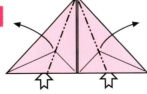
三角のポケットに手を入れて開く。

6
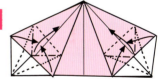
折り筋にしたがって引き上げる。

7
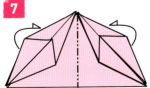

8

花びらのパーツのできあがり
16枚作る。

69

2　季節の飾り

種
初めに用紙を段折りしてから、丸い形に整えます。

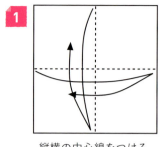
1　縦横の中心線をつける。

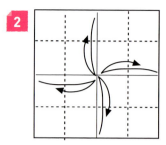
2　端を中心線に合わせて折り筋をつける。

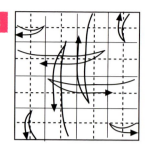
3　折り筋に合わせて8等分の折り筋をつける。

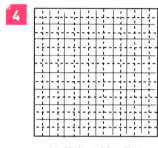
4　16等分の折り筋をつける。

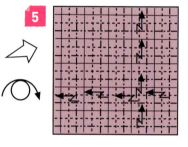
5　折り筋を合わせて段折りする。

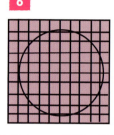
6　直径4cmの円形の厚紙を用意し、その形に合わせて縁を折り、丸く形作ってのりづけする。

7　種のできあがり

葉

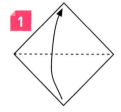
1

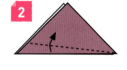
2

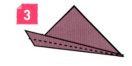
3

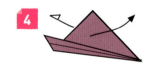
4　全部開く。

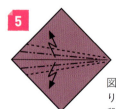
5　図のように折り筋を変えて段折りする。

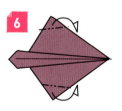
6

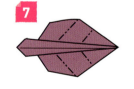
7

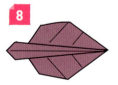
8　葉のできあがり

組み合わせ方
花びらのパーツを組み合わせてから、種と葉を貼りつけます。

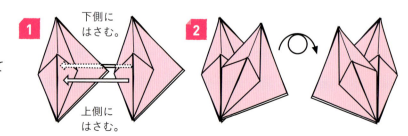
1　下側にはさむ。　上側にはさむ。
2

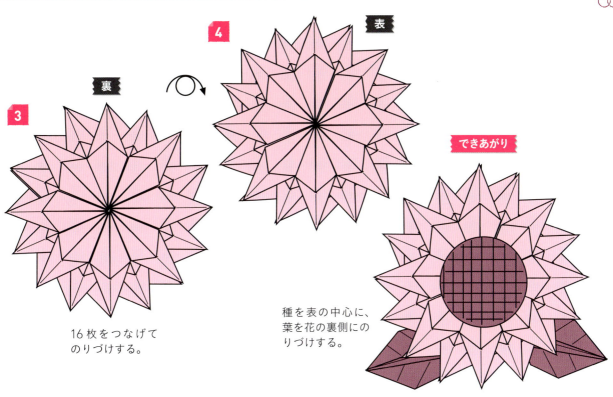

3 裏
4 表
できあがり

16枚をつなげて
のりづけする。

種を表の中心に、
葉を花の裏側にの
りづけする。

がく 立体作品にする時は、花びらのパーツを折る紙16枚のうち8枚に、がくの紙を貼ってから、同様に折っていきます。手芸用の太めのワイヤーにフローラテープを巻いて茎を作り、花と葉をつけます。

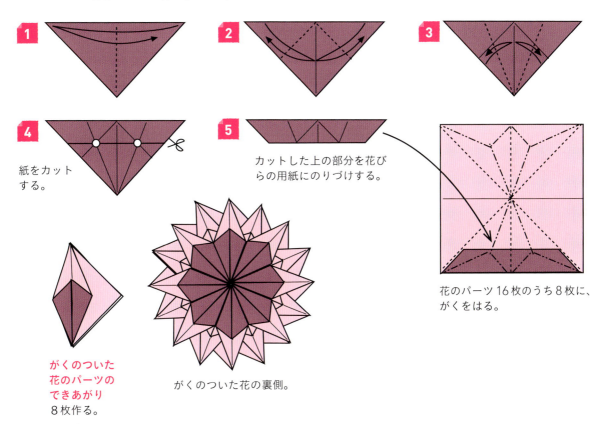

1

2

3

4
紙をカット
する。

5
カットした上の部分を花びらの用紙にのりづけする。

花のパーツ16枚のうち8枚に、
がくをはる。

がくのついた
花のパーツの
できあがり
8枚作る。

がくのついた花の裏側。

71

2 季節の飾り

なでしこ

| 写真 >>> p.16 | 難易度 ★★★ |

花びらのギザギザの表現と、一枚一枚が付け根でくびれている様子を出すのに苦労しました。かわいらしい花にするため小さめの紙で折っています。

紙のサイズ
花　5×5cm ……5枚
がく　3×3cm ……5枚
葉　4×4cm ……2枚

花 5枚のパーツを組み合わせて、1つの花を作ります。

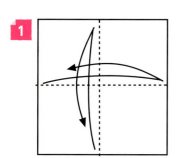
1
縦横の中心線をつける。

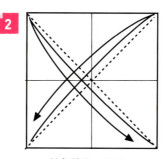
2
対角線をつける。

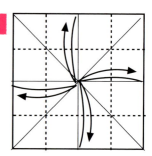
3
縦横の中心線に合わせて折り筋をつける。

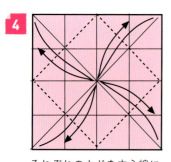
4
それぞれのカドを中心線に合わせて折り筋をつける。

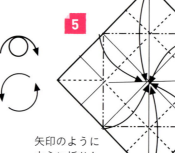
5
矢印のように中心に折りたたむ。

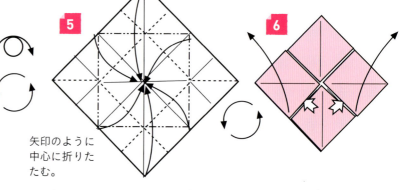
6

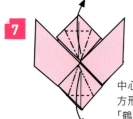
7
中心の2つの正方形をそれぞれ「鶴の基本形I」(p.35)にする。

8

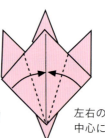
9
左右の端を中心に合わせる。

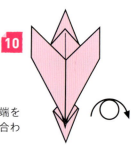
10

11
花のパーツのできあがり
5枚作る。

12
■部分の裏側にのりをつけて重ね、5枚をじょうご形に組み合わせる。

13
花のできあがり

72

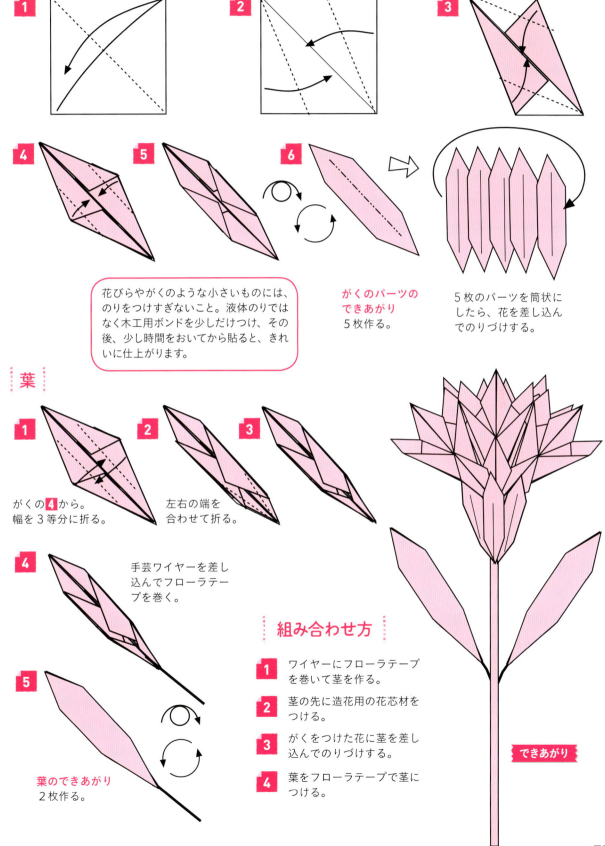

おしどり

| 写真 >>> p.17 | 難易度 ★★ |

折り方は簡単ですが、紙を吟味すると、とても豪華になります。
ケースに入れてプレゼントしても喜ばれます。

紙のサイズ
25×25cm ……1枚

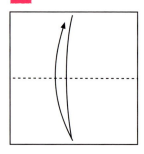
下と上の端を合わせて半分に折る。

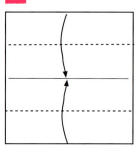
中心の線に上下の端を合わせて折る。

裏返す。

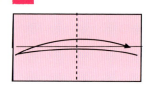
折り筋をつける。

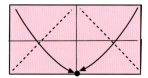
●に左右のカドを合わせて折る。

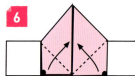
●をそれぞれ中心線に合わせて折る。

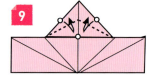
○と○を合わせて折り筋をつける。

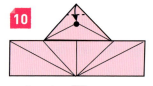
三角の先を 9 でつけた折り筋の●に合わせて折る。

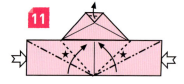
10 で折った折り筋をもう一度上に折り返す。★の谷折りの線を立てるように折り、横のポケットに手を入れてつぶす。

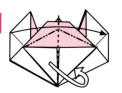
左側の小さい三角を反対のポケットに差し込みながら真ん中で半分に折る。

カドを折って中割り折りする。

できあがり

バラのモビール

| 写真 >>> p.18 | 難易度 ★★★ |

バラのパーツを折る時ポイントになるのは、内側のバラの花びらを渦巻き状に形を整えて、外の紙をずらしながら折り込むところです。前後の折り図をよく見て折りましょう。和紙で折ってもきれいです。

紙のサイズ
大　15×15cm ……………… 8枚
小　10×10cm ……………… 11枚
（前・後各4枚、下の飾り3枚）

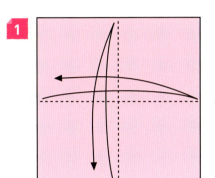
1. 縦横の中心線をつける。

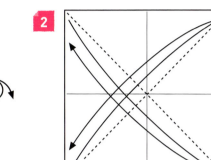
2. 対角線をつける。

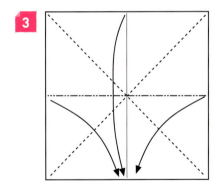
3. 辺の中心を集めて折りたたむ。

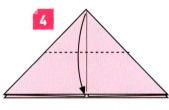
4. 三角の先を下の縁に合わせて折る。

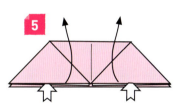
5. 内側の左右のポケットを開きながら開いてつぶす。

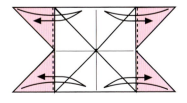
6. 端に合わせて折り筋をつける。

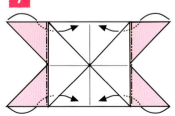
7. 折り筋で中割り折りする。

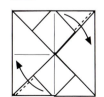
8.

75

2 季節の飾り

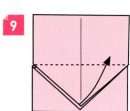
三角の部分を垂直に立てる。

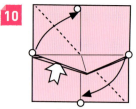
○と○を合わせて三角の部分を十字に立てる。

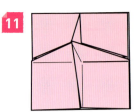

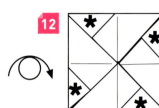
三角の部分が ✱ にあることを確認する。

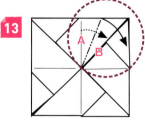
Aの線をBの線までずらす。

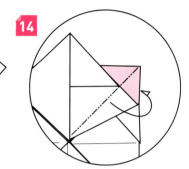
三角の部分を折り込む。

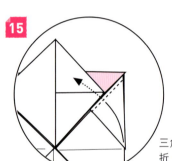
三角の部分を折り込む。

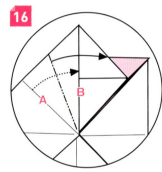
隣のパーツも同じようにずらして折り込む。裏を凸状にして順次ずらして折り込み、じょうご形にする。

パーツのできあがり
大8個、小11個を作る。

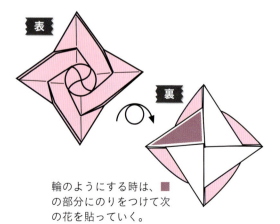
輪のようにする時は、■の部分にのりをつけて次の花を貼っていく。

組み合わせ方

大きいパーツ8個を裏を合わせてのりづけし、輪状にする。

小さいパーツ4個をのりづけして花束状にしたものを2個作る。大きいパーツの輪の表裏の中心にのりづけする。

残りの小さいパーツ3個の間にビーズを入れてつなぎ、下に吊るす。

4
上にひもをつけて、できあがり。

できあがり

3 おもちゃの折り紙

サイコロ

| 写真 >>> p.19 | 難易度 ★★★ |

サイコロを見ることが少なくなりましたが、伝統のおもちゃとしていつまでも残っていて欲しいと思います。立体フォトフレームとして写真を入れて飾ることもできます。完成してから写真を入れるのは難しいので、パーツを作った時に先に入れておいて下さい。

紙のサイズ
15×15cm ……6枚

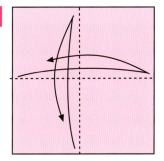

色面を上にして折る。左右の端を合わせて中心線をつける。

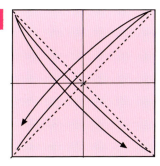

カドを合わせて対角線をつける。

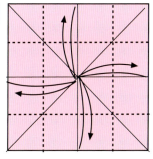

中心線にそれぞれの端を合わせて折り筋をつける。

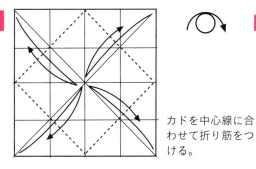

カドを中心線に合わせて折り筋をつける。

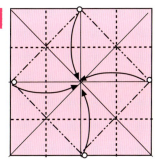

○を中心に集めて折りたたむ。

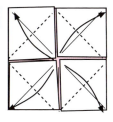

上の1枚を外側に向かって折る。

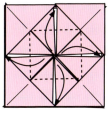

中心のカドを端に合わせて折る。

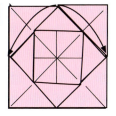

三角の下にある左右の先を横に開く。

77

3 おもちゃの折り紙

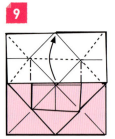

9 半分に折る。

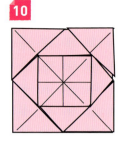

10 残りの3辺も同じように折る。

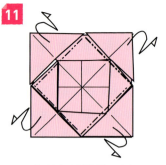

11 カドを反対側に倒し、折り筋をつける。

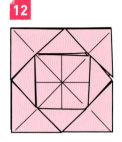

12 パーツのできあがり
6枚作る。

組み合わせ方
6枚のパーツを組み合わせて立方体にします。

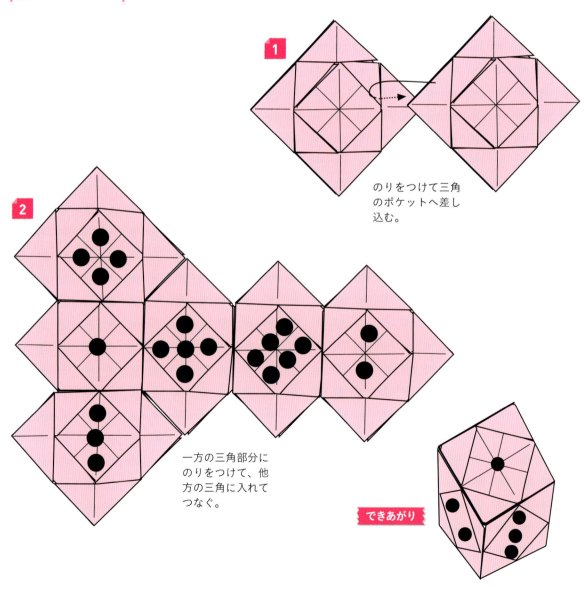

1 のりをつけて三角のポケットへ差し込む。

2 一方の三角部分にのりをつけて、他方の三角に入れてつなぐ。

できあがり

箱ねずみ

| 写真 >>> p.20 | 難易度 ★★★ |

箱の部分は2つのパーツを組み合わせて作ります。パーツを差し込む向きに気をつけましょう。ねずみの顔は箱の一番下のすき間に差し込みます。

紙のサイズ
ねずみの顔　10.5×10.5cm … 1枚
箱　15×15cm ……………… 2枚

ねずみの顔

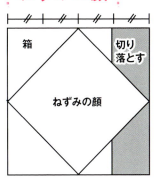

10.5×10.5cm の紙を上図のように切り、ねずみの顔と箱の用紙を作る。

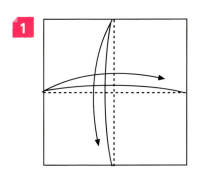

1 縦横の中心線をつける。

2 中心線にそれぞれの端を合わせて折り筋をつける。

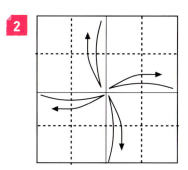

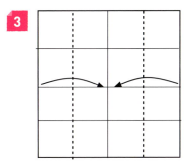

3 縦の中心線に左右の端を合わせて折る。

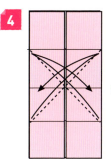

4 中心に対角線の折り筋をつける。

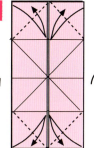

5 それぞれのカドに三角の折り筋をつける。

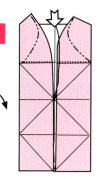

6 下の紙の上の端を内側に中心まで倒す。

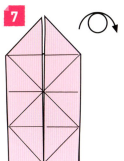

7

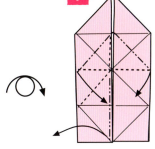

8 左右のカドを中心に合わせて折り筋をつける。

9 中心の山折り線をつまみ、寄せるように折りたたんで左に倒す。

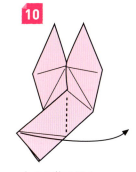

10 上の1枚を開く。

3 おもちゃの折り紙

11
○と○を合わせて折りたたむ。

12
開いてつぶしながら端を左側のポケットへ差し込む。

13
すぐ後ろへ折って差し込む。

14
三角を半分に折ってしっかり折り筋をつける。

15

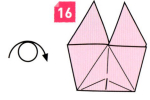
16

17

18
三角の先を折り、少し開いて形を整える。

19

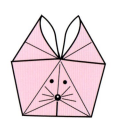
顔のできあがり

箱
2つのパーツを組み合わせて作った箱が、ねずみの胴体になっています。

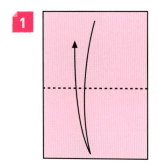
1
15×15cmの紙を前頁のように切り、折り筋をつける。

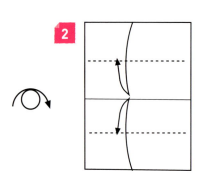
2

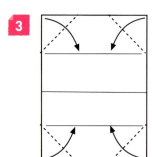
3

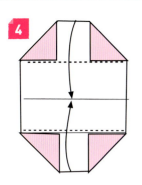

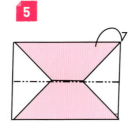

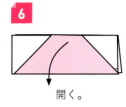

開く。

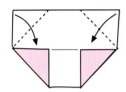

白い部分のカドを中心線に合わせて三角に折る。

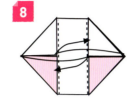

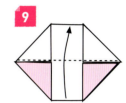

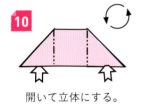

開いて立体にする。

同じものを2枚折る。

外側のすき間に差し込む。

箱のできあがり

組み合わせ方

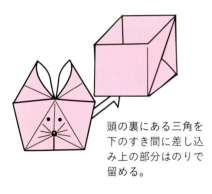

頭の裏にある三角を下のすき間に差し込み上の部分はのりで留める。

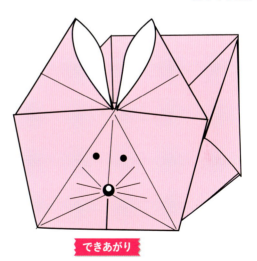

できあがり

81

よく回る風車

写真 >>> p.21 | 難易度 ★

とてもよく回る風車です。子供たちと一緒に山や海などに出かける時、風車の材料を持って行ってみませんか？ 素朴な遊具ですが、きっと大喜びされますよ。

紙のサイズ
25×25cm ……1枚

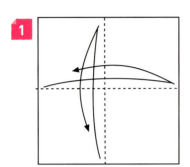
縦横の折り筋をつける。

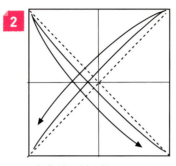
対角線の折り筋をつける。

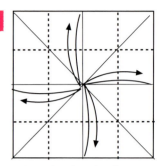
縦横の端を中心線に合わせて折り筋をつける。

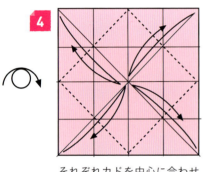
それぞれカドを中心に合わせて折り筋をつける。

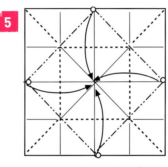
中心にのりをつける。○印のところを中心に倒す。

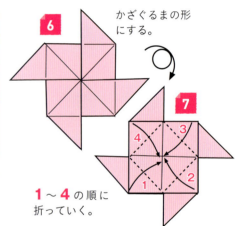
かざぐるまの形にする。
1～4の順に折っていく。

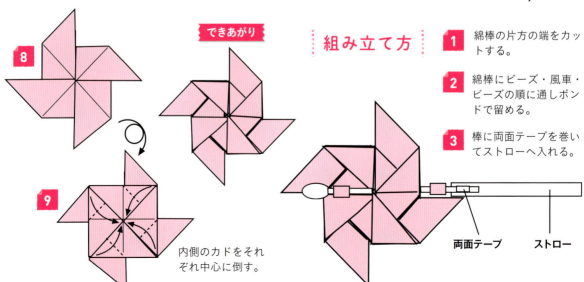

組み立て方

1. 綿棒の片方の端をカットする。
2. 綿棒にビーズ・風車・ビーズの順に通しボンドで留める。
3. 棒に両面テープを巻いてストローへ入れる。

内側のカドをそれぞれ中心に倒す。

たこ A

| 写真 >>> p.22 | 難易度 ★ |

たこも伝統のおもちゃのひとつです。伝承の折り紙に「やっこだこ」がありますが、それに四角い枠をつけてみました。

紙のサイズ
たこ　15×15cm …………1枚
尾　　15×1cm弱(たこの紙を縦に8等分) …………2枚

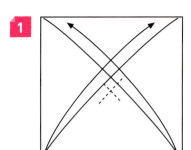

中心に印をつける。

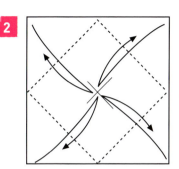

カドを中心の印に合わせて折り筋をつける。

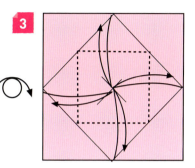

左右の端を中心の印に合わせて2の折り筋のところで、内側にのみ、折り筋をつける。

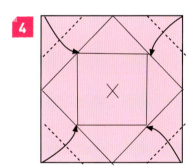

中の正方形のカドに外のカドを合わせて折る。

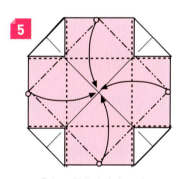

○印の部分を中心に寄せながら折り筋でたたむ。

中心のカドを外側の端に合わせて折り筋をつける。

○印を外の端に合わせて開きながらつぶす。

できあがり
たこの下に2本尾をつけます。

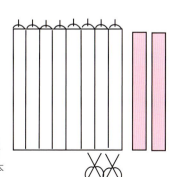

尾の折り方

7.5×7.5cmの紙を1/8に切ったものを2枚たこ本体にのりづけする。

83

3 おもちゃの折り紙

たこ B

| 写真 >>> p.22 | 難易度 ★ |

「たこ A」は周りに紙の白地が出ますが、この「たこ B」では全面に色が出るようにしました。AとBは、どこの折り方が違っているのか、考えてみて下さいね。

紙のサイズ

たこ　15×15cm …………1枚
尾　　15×1cm弱（たこの用紙を縦に8等分）…2枚

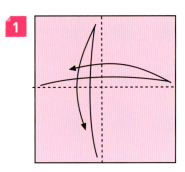
1　縦横の中心線をつける。

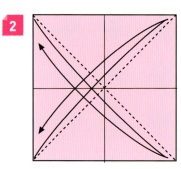
2　対角線をつける。

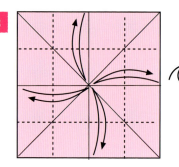
3　折り筋をつける。

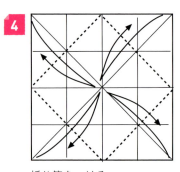
4　折り筋をつける。

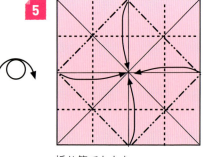
5　折り筋でたたむ。

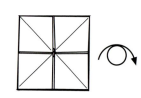
6

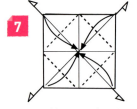
7　下の紙を引き出しながら中心に倒す。

8

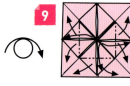
9　中心の先を押し出すようにつぶす。

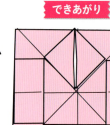
できあがり

野菜かご

| 写真 >>> p.23 | 難易度 ★ |

おままごと遊びに使える折り紙の野菜たちです。あなたの好きな野菜は何ですか？

紙のサイズ

かご	18×18cm	1枚
かぼちゃ	7.5×7.5cm	1枚
かぶの根	7.5×7.5cm	1枚
かぶの葉	6×6cm	1枚

にんじん・だいこんの根　7.5×7.5cm …… 1枚
にんじん・だいこんの葉　11.5×11.5cm …… 1枚
なす　15×15cm …… 1枚

かご

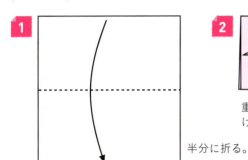

1. 半分に折る。
2. 重ねたまま半分の折り筋をつける。
3. 中心の線に左右の端を合わせて折る。

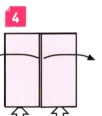

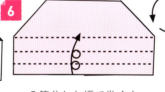

4. ポケットに手を入れて開く。
6. 3等分した幅で巻くように折る。

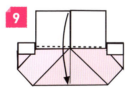
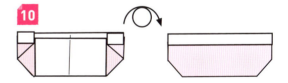

8. 左右のカドを○に合わせて折る。
9. 上の端を下の端に合わせて折り下げる。
10. かごのできあがり

かぼちゃ

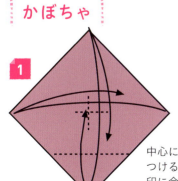
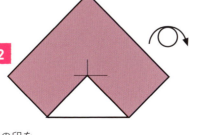
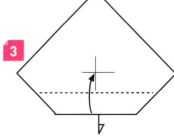

1. 中心に十文字の印をつける。下のカドを印に合わせて折る。
3. 下の紙を出しながら下の線を中心に合わせて折る。

85

3 おもちゃの折り紙

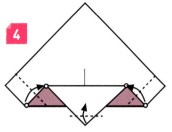

○と○を合わせて折る。下のカドを 3 で折った線に合わせて折る。

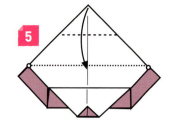

左右の○を結んだ線に上のカドを合わせる。

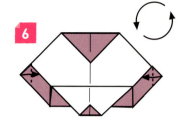

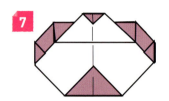

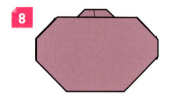

かぼちゃのできあがり

かぶの根

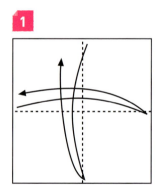

縦横の中心線をつける。

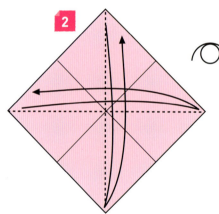

対角線をつける。

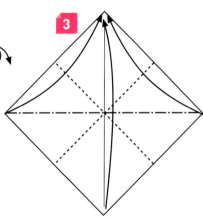

3つのカドを上のカドへ集めてたたむ。

上のカドを内側へ折り込む。左右のカドは上の1枚だけ1/6ぐらい中割り折りする。

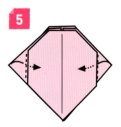

3 で折った中割り折りの中に下の紙を折り込む。

かぶの根のできあがり

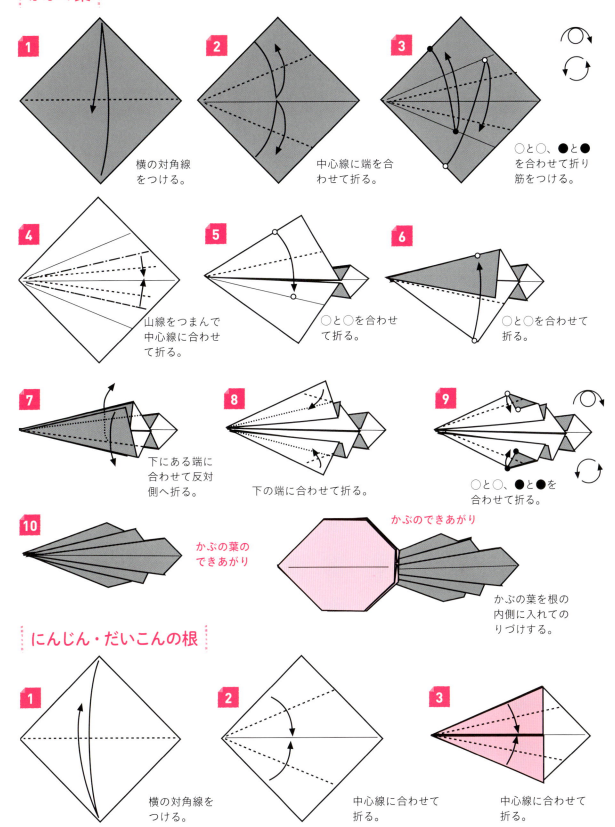

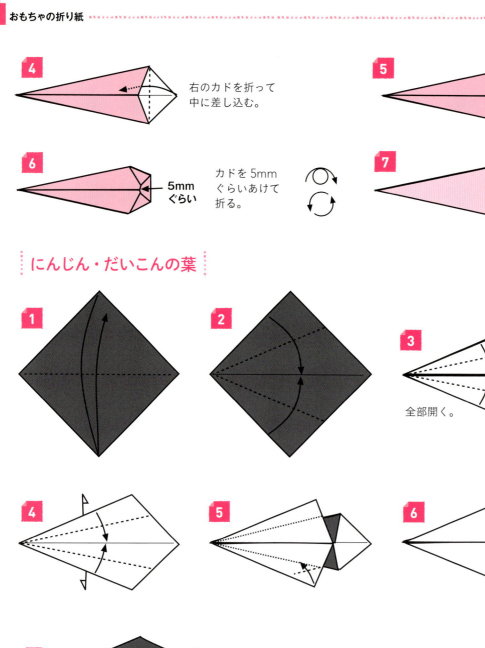

にんじん・だいこんの葉

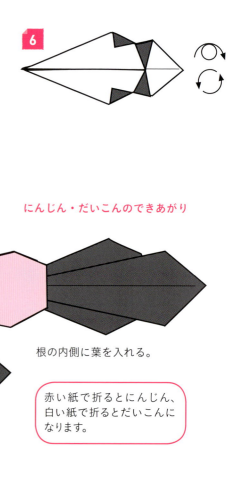

にんじん・だいこんのできあがり

根の内側に葉を入れる。

赤い紙で折るとにんじん、白い紙で折るとだいこんになります。

なす

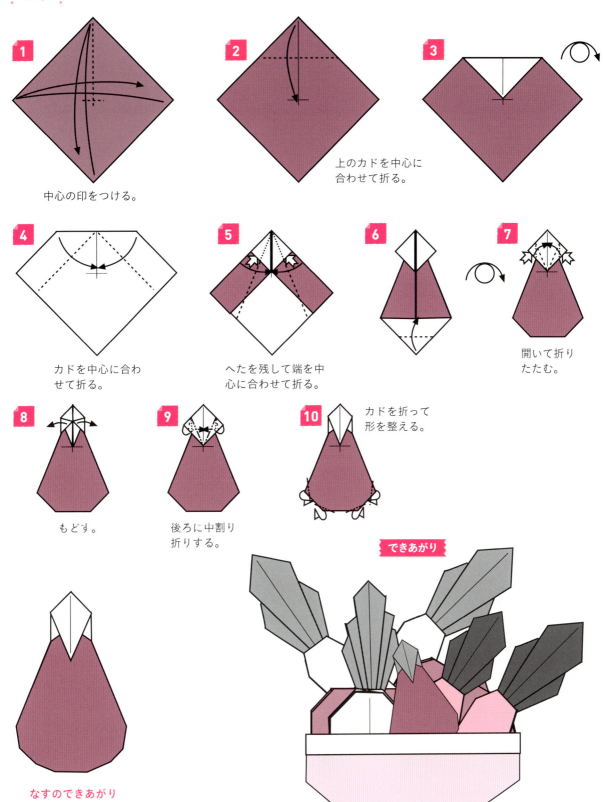

4 変身折り紙

魔法の箱、くす玉

写真 >>> p.24　難易度　魔法の箱★　魔法の箱★★★

一見普通の箱ですが、折り筋をつけて中心に寄せるようにすると、あら不思議！くす玉の半分ができあがります。2つ作ってのりづけして下さい。中に鈴を入れたりしてもよいでしょう。

魔法の箱

 紙のサイズ　15×15cm ······ 1枚

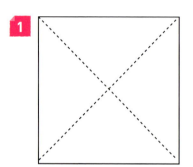

1 対角線の折り筋をつける。

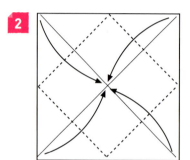

2 中心にカドを合わせて折る。

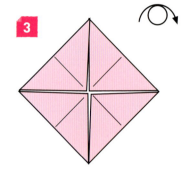

3

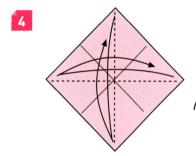

4 対角線の折り筋をつける。

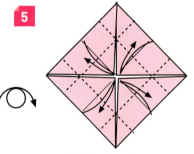

5 中心線に端を合わせて折り筋をつける。

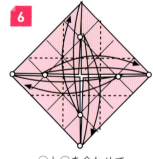

6 ○と○を合わせて折り筋をつける。

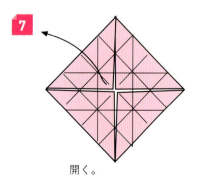

7 開く。

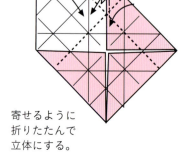

8 寄せるように折りたたんで立体にする。

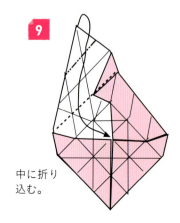

9 中に折り込む。

90

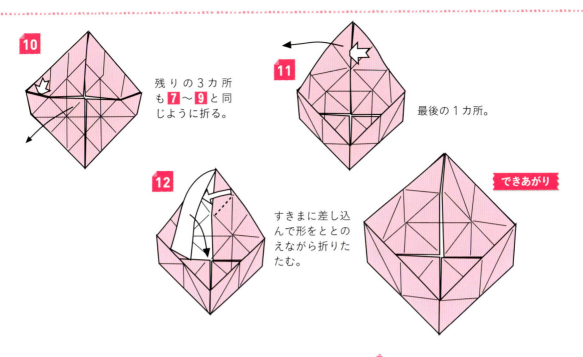

くす玉

紙のサイズ 15×15cm …… 2枚

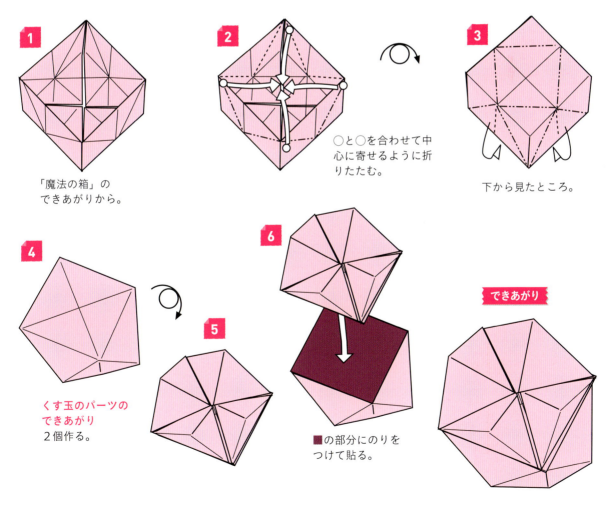

4 変身折り紙

フクロウ、フクロウの小物入れ

写真 >>> p.25　　難易度　フクロウ★　フクロウの小物入れ★★★

縁起のよい鳥として親しまれているフクロウ。これだけでもかわいいですが、できあがったフクロウを6枚つないで厚紙で底をつけると、実用的な六角形の小物入れになります。

フクロウ

　紙のサイズ　15×15cm ……1枚

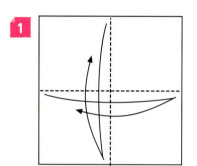

1. 縦横に折り筋をつける。

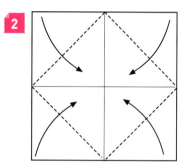

2. それぞれのカドを中心に合わせて折る。

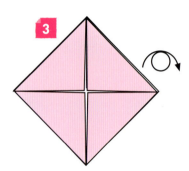

3.

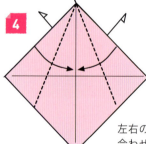

4. 左右の端を中心線に合わせ、下の紙を引き出しながら折る。

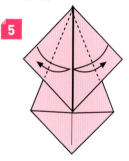

5.

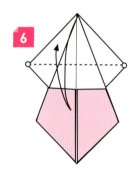

6. ○と○を結ぶ線で折り筋をつける。

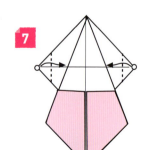

7.

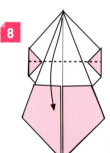

8. 6の折り筋で折る。

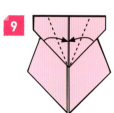

9. 5の折り筋で折る。

左右の余った部分を裏に折り込む。

くちばしの下の紙を、それぞれくちばしの左右のすき間に差し込む。

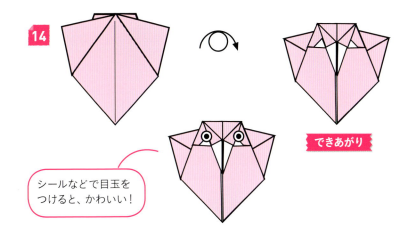

シールなどで目玉をつけると、かわいい！

できあがり

足のついたフクロウ

下の部分を段折りにすることで、フクロウの足を表現します。

フクロウの12から。

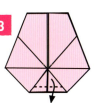

2の折り筋を下の端に合わせて段折りする。

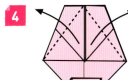

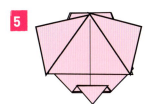

くちばしの下の紙をそれぞれくちばしの左右のすき間に差し込む。

できあがり

93

フクロウの小物入れ

フクロウのパーツを6枚作って先につなぎ、その後、つなぎのパーツを作って底に貼り、組み立てます。

紙のサイズ

フクロウのパーツ	15×15cm	6枚
つなぎのパーツ	12.5×12.5cm	6枚
つなぎのパーツの中に入れる厚紙	8×8cmの1/4サイズ	6枚
底の厚紙	半径8.8cmの円から作った六角形	1枚
底の内側に貼る紙	底の厚紙と同じサイズの色紙	1枚

フクロウの小物入れのパーツ

1 「フクロウ」のできあがりから。

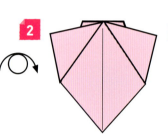

2

3 下の端と重なる線で内側に折る。

4 パーツのできあがり6枚作る。

パーツのつなぎ方

1 フクロウの羽に折り筋をつける。

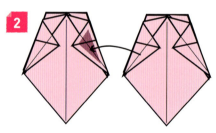

2 ■の部分にのりをつけて2枚のパーツをつなぐ。

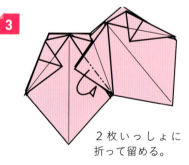

3 2枚いっしょに折って留める。

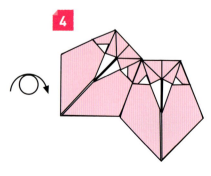

4 6枚つないで輪にする。

5

つなぎのパーツ
つなぎのパーツに厚紙を入れて折るだけで、しっかりした箱になります。

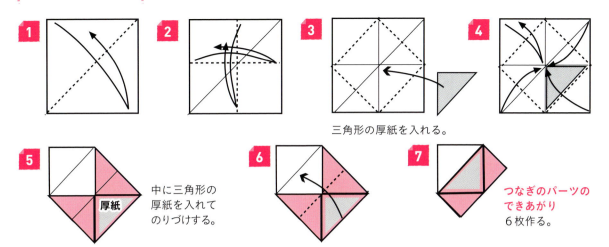

組み立て方
同じサイズの六角形の厚紙と色紙を1枚ずつ用意し、厚紙の上に、つなぎのパーツ6枚をのりづけしたら、その上に色紙を貼ります。

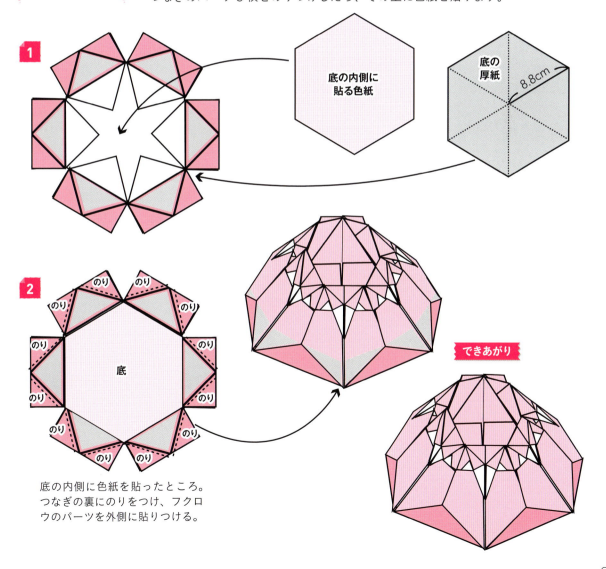

95

長方形のトレー

| 写真 >>> p.26 | 難易度 ★ |

次の「正方形のトレー」と同じ紙、同じような折り方で、長方形のトレーができます。長方形と正方形の違いを出すポイントは？

紙のサイズ
15×15cm ……1枚

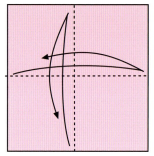

1 縦横の中心線をつける。

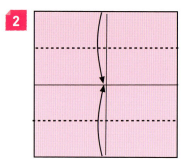

2 中心線に上下の端を合わせて折る。

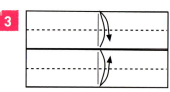

3 2で折った端を中心線に合わせて折り筋をつける。

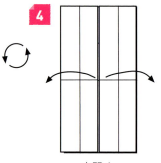

4 一度開く。

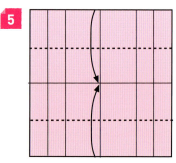

5 中心線に上下の端を合わせて折る。

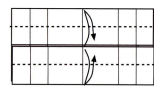

6 5の折り目に端を合わせて折り筋をつける。

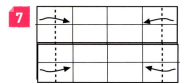

7 左右の端に近い折り筋で中心に向かって倒す。

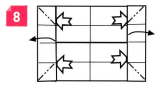

8 倒したポケットを開いてつぶす。

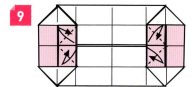

9 小さい正方形に半分の折り筋をつける。

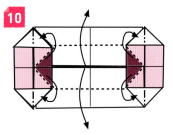

10 上下の端を外に倒す。その時、■部分を三角のポケットに差し込む。

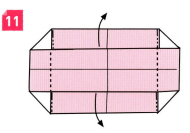

11 端を立ち上げて立体にする。

できあがり

96

正方形のトレー

| 写真 >>> p.26 | 難易度 ★ |

簡単な折りですが、折り筋をしっかりつけることが、きれいな箱を作るコツです。縦横のサイズが倍の用紙で折ると、中に小さいトレーが4個入ります。試してみて下さい。

紙のサイズ
15×15cm …… 1枚

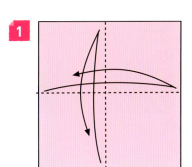

1 縦横の中心線をつける。

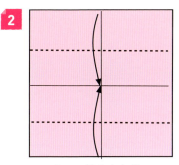

2 上下の端を中心線に合わせて折る。

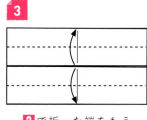

3 2で折った端をもう一度半分に折る。

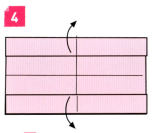

4 3で折ったところを外に倒す。

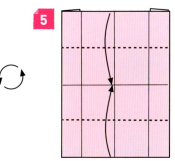

5 上下の端を中心線に合わせて折る。

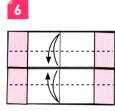

6 中心線に合わせて折り筋をつける。

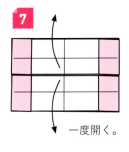

7 一度開く。

8 ○と○を合わせて折り筋をつける。

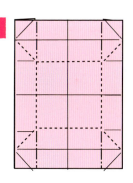

9 折り筋の通りに折って立体にする。

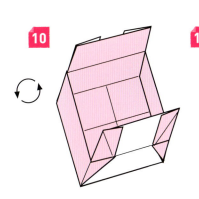

10

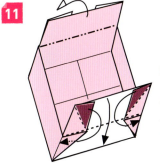

11 ■部分を下のポケットに入れながら折る。反対側も同じに折る。

できあがり

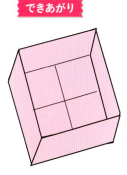

97

市松のくす玉、市松の小物入れ

写真 >>> p.27 ｜ 難易度 ★★★

ここで紹介する作品は、すべて同じパーツを組み合わせます。パーツを6枚つないで作ったくす玉に、同じパーツを変形させた飾りをつけると、まったく違う形のくす玉に変身！ パーツの数と組み合わせ方によって、小物入れやコースターにも。いろいろな作品を工夫してみて下さい。

市松のくす玉 A

紙のサイズ　15×15cm ……6枚

1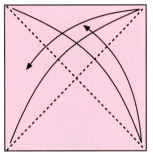
色を上にして対角線をつける。

2
中心線をつける。

3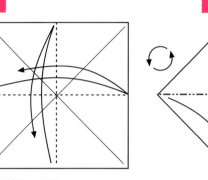
カドを中心に寄せてたたむ。

4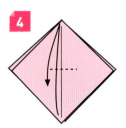
カドを合わせて中心に印をつける。

5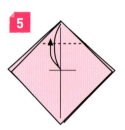
4の印に先を合わせて折り筋をつける。

6
5の折り筋から■の部分を沈め折りする。

7
中心部分を押し込むように折る。

8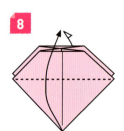
下のカドを折り上げる。裏側も同様に折る。

9
上の1枚を左に倒す。裏側も同様に折る。

10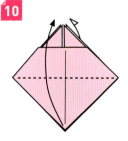
下のカドを折り上げる。裏側も同様に折る。

11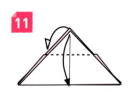
上の先を下の縁に合わせて折る。裏側も同様に折る。

98

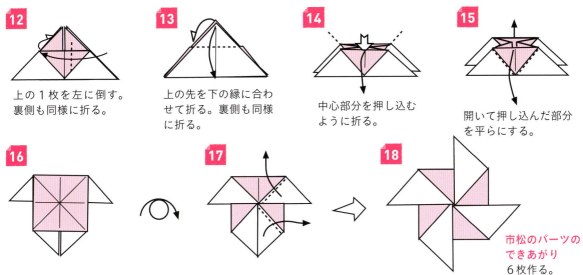

12 上の1枚を左に倒す。裏側も同様に折る。

13 上の先を下の縁に合わせて折る。裏側も同様に折る。

14 中心部分を押し込むように折る。

15 開いて押し込んだ部分を平らにする。

18 市松のパーツのできあがり 6枚作る。

つなぎ方

AをA'のポケットに、BをB'のポケットにというように差し込みながら立体にしていきます。

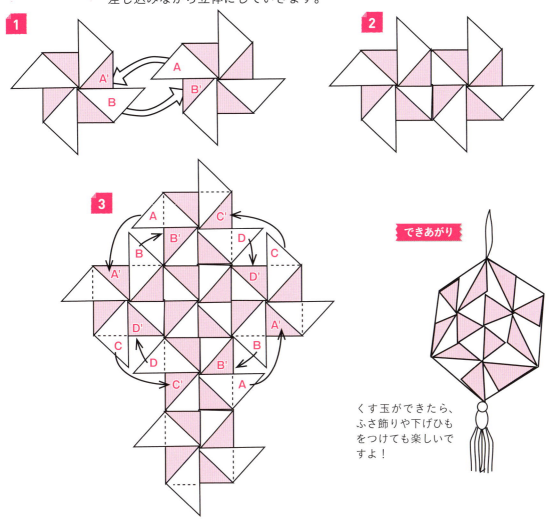

できあがり

くす玉ができたら、ふさ飾りや下げひもをつけても楽しいですよ！

99

市松のくす玉 B

「市松のくす玉 A」の 6 枚のパーツそれぞれに「差し込みパーツ」をつけて組み合わせます。

紙のサイズ
市松のパーツ　15×15cm　……6枚
差し込みパーツ　15×15cm　……6枚

差し込みパーツ

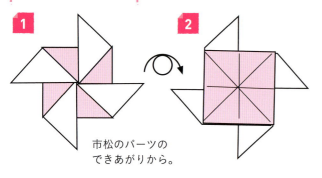

市松のパーツのできあがりから。

中心に寄せるように、山折り線の部分を立ち上げる。

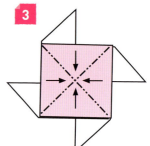

差し込みパーツのできあがり
6枚作る。

つなぎ方

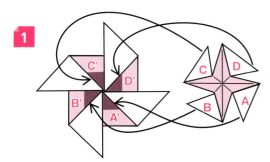

「差し込みパーツ」の **A～D** を「市松のパーツ」のポケット **A'～D'** にそれぞれ差し込んで、のりづけする。

市松のくす玉 B のパーツのできあがり
6枚作る。

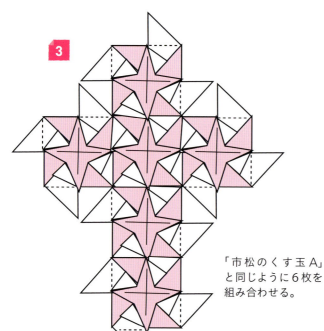

「市松のくす玉 A」と同じように6枚を組み合わせる。

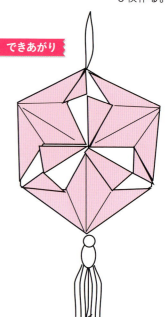

できあがり

市松の小物入れ

「市松のくす玉A」のパーツを24枚組み合わせて、ふたつきの箱を作ります。

紙のサイズ 15×15cm ……… 6枚
※ p.27の写真の作品は 3.75×3.75cm（7.5×7.5cmの紙を1/4に切ったもの）で折っています。

箱本体

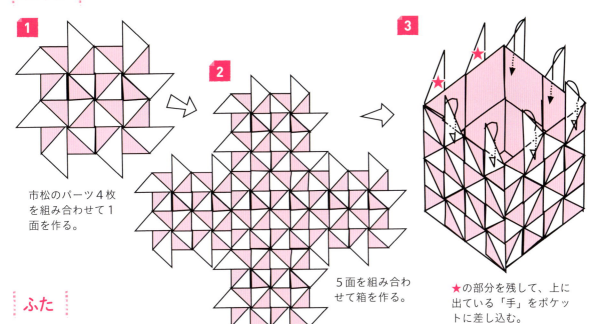

1 市松のパーツ4枚を組み合わせて1面を作る。

2 5面を組み合わせて箱を作る。

3 ★の部分を残して、上に出ている「手」をポケットに差し込む。

ふた

1

1面の中心に差し込みパーツを置き、「手」をポケットに入れて、のりづけする。

2

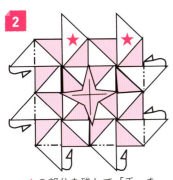

★の部分を残して「手」をポケットに差し込む。

3

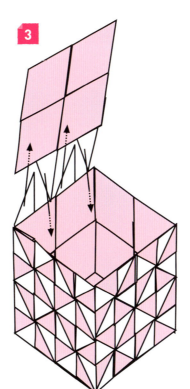

できあがり

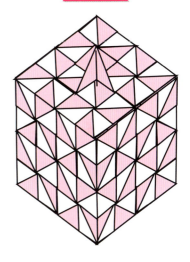

箱とふた、それぞれの残しておいた「手」を互いに差し込んでのりづけする。

101

仕切りの小物入れ、長方形ボックス

写真 >>> p.28 | 難易度 ★

仕切りで2つに分かれた便利な箱。これを2個作って互いに差し込むと、長方形の箱になります。少し硬い紙で折ると、飾り台としても使えます。

紙のサイズ
仕切りの小物入れ　25×25cm ……1枚
長方形ボックス　25×25cm ……2枚

仕切りの小物入れ

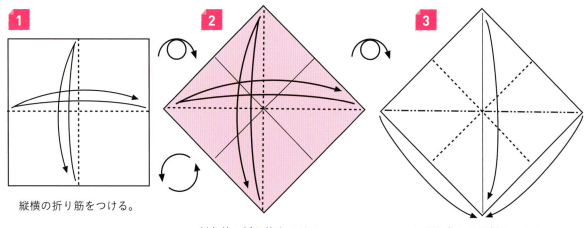

1. 縦横の折り筋をつける。
2. 対角線の折り筋をつける。
3. カドを合わせて折りたたむ。

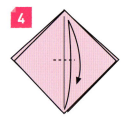
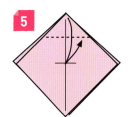

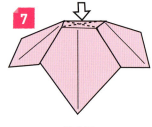

4. 上の1枚を向かい側のカドに合わせて、印をつける。
5. 中心の印に先を合わせる。
6. ■の部分を沈め折り（中に押し込むように折ること）にする。
7. 途中図

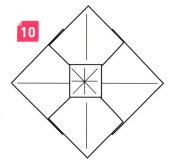
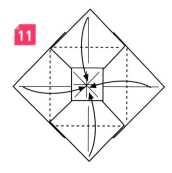

8.
9. 上のつけ根を前後に両手で押さえて開く。
10. 中の部分を開きながらつぶす。
11. つぶした中心にそれぞれのカドを合わせて折る。

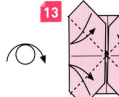

それぞれ左右に倒して折り筋をつける。

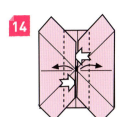

中に手を入れて左右に開きながら、上下も外側に開く。

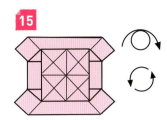

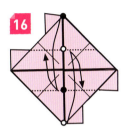

○と○、●と●を合わせて折り筋をつける。

下側を中心に倒す。

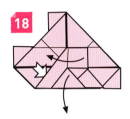

左に倒しながら左側の横から手を入れて下側の三角を立てる。

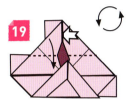

三角のすき間を■の部分にかぶせながら折って立てる。

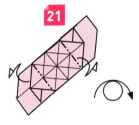

中を開いて立体にする。

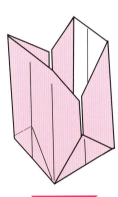

できあがり

長方形ボックス

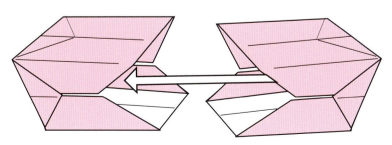

「仕切りの小物入れ」を2個作って差し込む。

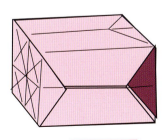

できあがり

103

5 折り鶴いろいろ

花時計

| 写真 >>> p.29 | 難易度 ★★★ |

飛行機の中で折り紙の紙を探していた時、ガムの包み紙を使ったことをきっかけに、ガムの包み紙で作品を作ろうと思いつきました。ただ、ガム1パックの中に入っている包み紙の数が限られるので、たくさんのガムを買うことになりました。今では笑い話ですが、大切な作品です。

紙のサイズ
鶴の輪　7.5×11.25cm ……208枚
時計の長針　7.5×11.25cm ……10枚
時計の短針　7.5×11.25cm ……8枚

鶴の輪　1～12の数字の位置に配置した輪と、時計の針の中心の輪は、同じように折って組みます。

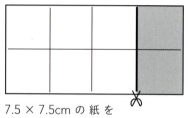
7.5×7.5cmの紙を上図のように切る。

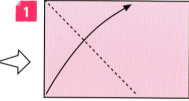
左下のカドを上の端に合わせて折る。

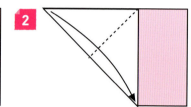

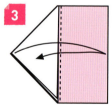

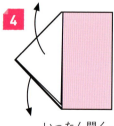
三角のカドを右側の端に合わせて折り筋をつける。

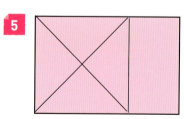
いったん開く。

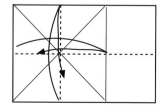
縦横の折り筋をつける。

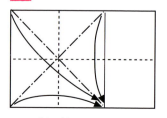
折り筋でたたむ。

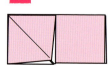

左の正方形に折り筋をつける。裏側にも同じように折り筋をつける。

 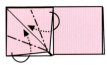
折り筋で中割り折りする。

 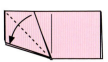
上の1枚を折る。

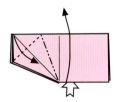
開いて折り上げる。

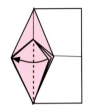
上の1枚を左側に倒す。

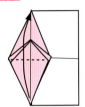
下の先を折り上げる。

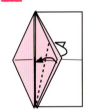
鶴になる部分の右側を前と後ろに折る。

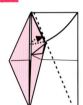
鶴の下に折り込む。

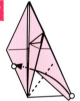
○と○を合わせて鶴の下に折り込む。

鶴の首になるところを中割り折りで折り上げる。

中割り折りで鶴のくちばしを作る。

上の1枚を羽根の付け根で折り下げる。

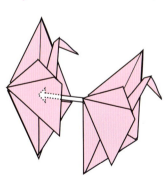

パーツのできあがり
16枚作る。

組み合わせ方

できあがり

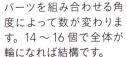 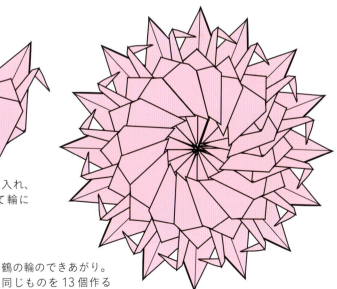

順にはさむように入れ、16枚貼り合わせて輪にする。

パーツを組み合わせる角度によって数が変わります。14〜16個で全体が輪になれば結構です。

鶴の輪のできあがり。同じものを13個作る(数字と中心)。

105

時計の針の組み合わせ方

「鶴の輪」と違い、鶴の首が立ち上がります。

1

「鶴の輪」の **20** より。羽の先を下に合わせてのりづけする（鶴の首が立ち上がる）。

2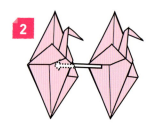

すき間にはさむように入れ、のりで留める。

3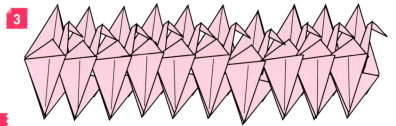

針の長さに応じて枚数を決める。長針10枚、短針8枚ぐらい。

できあがり

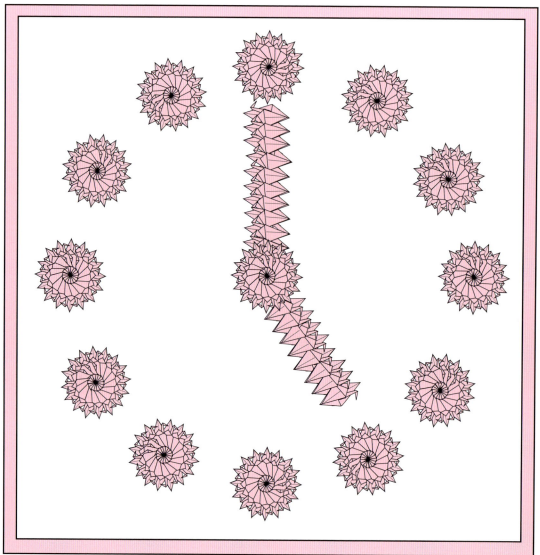

鶴の傘・コマ

| 写真 >>> p.30 | 難易度 ★★★ |

同じパーツを使って丸く組み合わせますが、枚数によってできあがりの形が変わります。9枚で傘、8枚でコマになります。

紙のサイズ
鶴のコマ　7.5×11.25cm ……… 8枚
鶴の傘　7.5×11.25cm ……… 9枚

鶴の傘・コマのパーツ

パーツの折り方は同じです。

15×15cmの紙を半分に切ったものを、さらに下図のように切る。

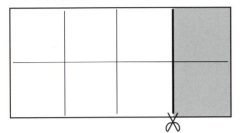

p.104の「花時計」の**17**を折ったところから。

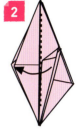

右側の上の折りを左に倒す。

下の先を折り上げる。

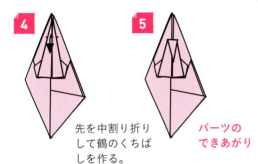

先を中割り折りして鶴のくちばしを作る。

パーツのできあがり

組み合わせ方

すき間にはさむように入れて、のりづけする。

傘の組み合わせ方

できあがり

中央部分が凸になるようにパーツを9枚組み合わせ、「蛇の目傘」(p.64)と同じように傘の内側と柄をつけて仕上げます。

コマの組み合わせ方

中央部分が凸になるようにパーツを8枚組み合わせます。

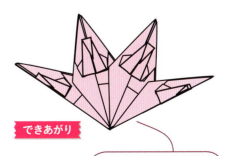

できあがり

手で回すコマなので、しっかりした紙で折りましょう。いろいろ試してよく回る紙を見つけて下さい。

107

鶴のコースター

| 写真 >>> p.30 | 難易度 ★★★ |

「花時計」（p.105）の「鶴の輪」と「時計の針」のパーツをアレンジして2種類のコースターを作ります。Aは平面、Bは鶴の首が立ち上がった形です。

紙のサイズ

鶴のコースター A　7.5×11.25cm ……10枚
鶴のコースター B　7.5×11.25cm ……8枚

鶴のコースター A

「花時計」の「鶴の輪」の 20 のパーツを10枚組み合わせて平らな円形にします。

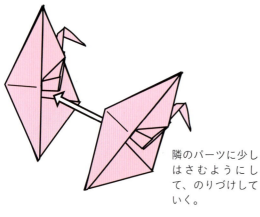

隣のパーツに少しはさむようにして、のりづけしていく。

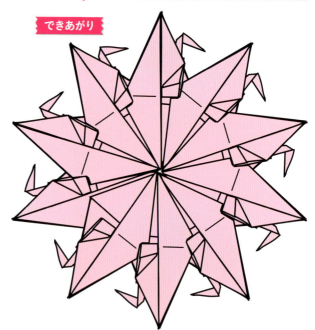

できあがり

鶴のコースター B

「花時計」の時計の針のパーツを8枚組み合わせて円形にすると、鶴の首が立ち上がったコースターになります。

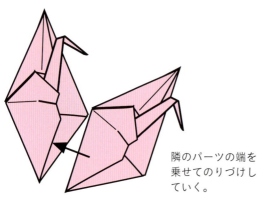

隣のパーツの端を乗せてのりづけしていく。

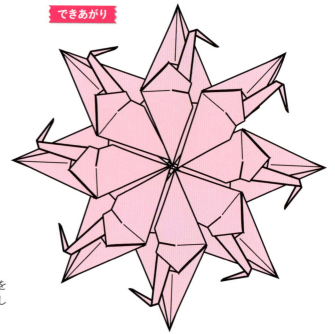

できあがり

平和の鶴

| 写真 >>> p.32 | 難易度 ★★★ |

最初フラミンゴにするつもりでしたが、鶴の作品にしようと思い直し、「平和の鶴」と名づけました。中心をきれいに寄せてのりづけするのが、美しく仕上げるポイントです。

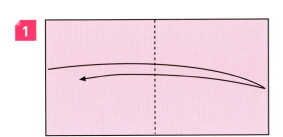

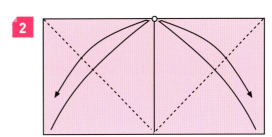

下のカドを中心の○と合わせて折り筋をつける。

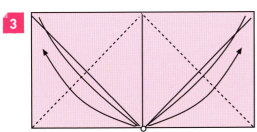

上のカドを中心の○印と合わせて折り筋をつける。

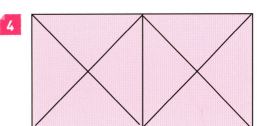

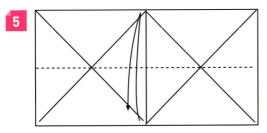

上下の端を合わせて折り筋をつける。

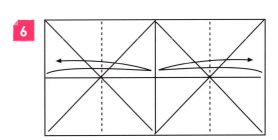

縦の中心線に左右の端を合わせて折り筋をつける。

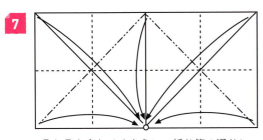

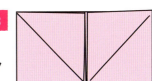

○と○を合わせるように、折り筋の通りに折りたたむ。

109

5 折り鶴いろいろ

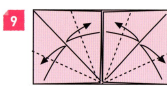

折り筋をつける。

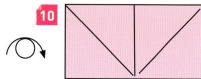

中心の山線をつまんで左右の○印にそれぞれ合わせて折り筋をつける。下の端も○印に合わせて折り筋をつける。裏も同様に折り筋をつける。

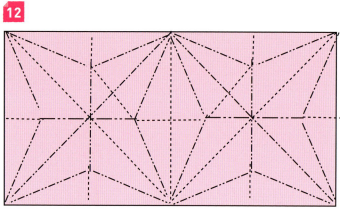

一度全部開いて図のように折り筋をつけ直し、折り筋通りに折りたたむ。

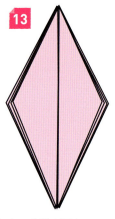

左右の枚数が同じで、一番下のひし形に紙の切れ目が出ないようにする。

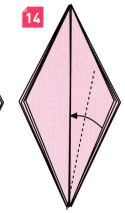

右上の1枚を中心線に合わせて折る。

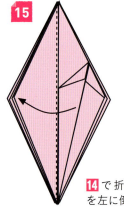

14で折った1枚を左に倒す。

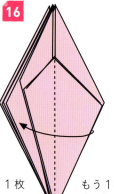

もう1枚を左に倒す。

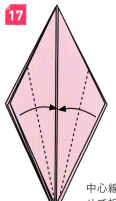

中心線に合わせて折る。

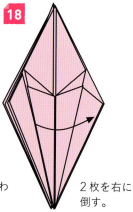

2枚を右に倒す。

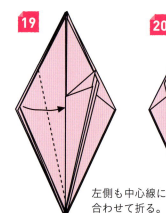

左側も中心線に合わせて折る。

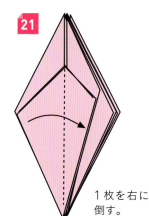

1枚を右に倒す。

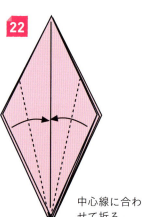

中心線に合わせて折る。

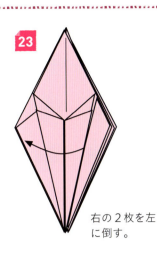
右の2枚を左に倒す。

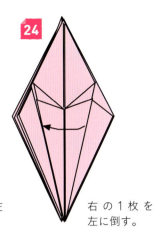
右の1枚を左に倒す。

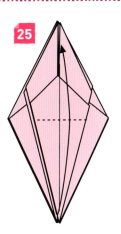

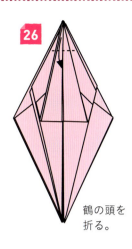
鶴の頭を折る。

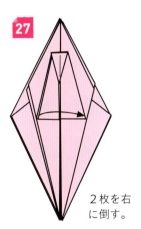
2枚を右に倒す。

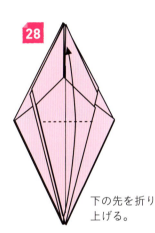
下の先を折り上げる。

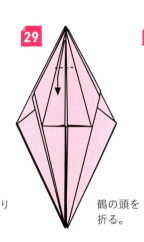
鶴の頭を折る。

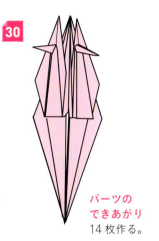
パーツのできあがり
14枚作る。

組み合わせ方

横に出ている部分を重ねてのりづけする。14個つないで円形にする。

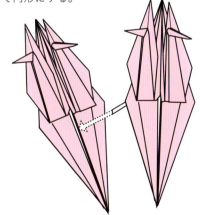

できあがり

111

著者プロフィール

曽根 泰子（そね・やすこ）

広島県生まれ・在住。
広島市の保育士（保母）として勤務。
退職後、本格的に折り紙に取り組む。
2010年、韓国の出版社より『折り紙創作の国』刊行。
2014年、日貿出版社より『暮らしを楽しむアイデア折り紙』刊行。
日本折紙協会広島支部長を経て、2013年より顧問。
現在、日本折紙協会常任理事。同協会認定上級折紙師範。
中国新聞文化センター折り紙講師。
日本生涯学習協議会認定おりがみ絵本技能士。小学校講師（非常勤）。

本書の内容の一部あるいは全部を無断で複写複製（コピー）することは、法律で認められた場合を除き、著作者および出版社の権利の侵害となりますので、その場合は予め小社あて許諾を求めて下さい。

遊んで飾って使える折り紙
暮らしの小物から楽しいおもちゃまで

●定価はカバーに表示してあります

2017年12月31日　初版発行

著　者　　曽根泰子
発行者　　川内長成
発行所　　株式会社日貿出版社
　　　　　東京都文京区本郷 5-2-2　〒113-0033
　　　　　電話（03）5805-3303（代表）
　　　　　FAX（03）5805-3307
　　　　　振替　00180-3-18495

印刷　　株式会社シナノパブリッシングプレス
写真撮影　寺岡みゆき
本文レイアウト・装丁　小倉ミナ

©2017 by Yasuko Sone / Printed in Japan
落丁・乱丁本はお取替えいたします。

ISBN978-4-8170-8245-9　http://www.nichibou.co.jp/